Für meine Oma Elfi, für Eva und Gerhard.

## Die Personen

**Mona** Mona ist die Gedichte, Mona ist die Geschichten, ist die Stimmen. Mona ist die Summe der Erzählung. Ein junges Mädchen in der Pubertät, abgemagert bis auf die Knochen, rotblondes feines Haar. Ihre Augen dunkelblau wie ein See.

**Der PRIMUS** PRIMUS ist mehr Titel denn Name, eigentlich heißt er Alfred Stern; rote Haare, roter Bart. Trägt Kleidung aus Leinen und lacht darüber, dass er sich wie ein Klischee-Guru benimmt. Gründer der PRIMKRU. Von ihm spricht man in Majuskeln.

**Der Bär** Mona nennt ihn so, sein wirklicher Name ist Anton Grubner; mit Frau und Kind lebt er in einem soziokratisch organisierten Wohnprojekt, der *Oase Autonome Nachbarschaft.* Durchschnittliche Größe, etwas unsportlich, setzt Bauch an, sieht dem PRIMUS überraschend ähnlich; um eine Verwechslung der beiden zu vermeiden, sei gesagt, dass Anton in einer Versicherungsgesellschaft tätig ist.

**Die Doktorin** Blonde kinnlange Haare, sie trägt diese Frisur seit über zwanzig Jahren; immer sorgfältig (jedoch etwas einfallslos) gekleidet, hat zu jeder Jahreszeit einen Seidenschal um den Hals; Perlenohrringe. Alter: Anfang fünfzig; lackierte Nägel, ein antiker Ring auf dem linken Zeigefinger, Brille; Affinität zu ätherischen Ölen. Hat eine

Julia D. Krammer

# Den Körper schreiben die Gedichte

Rohstoff

# Den Körper schreiben
# die Gedichte

weiße Katze mit dem Namen Piep; alleinstehend, keine Kinder.

**Paul** Paul ist Monas Komplize, ist Sehnsuchtsziel, Freund.

**Die Tante (Helga)** Zwillingsschwester von Pauls Mutter, ihr Gesicht ist zerfurcht wie ein Flussdelta. So ein Delta formen nur jahrzehntelanger Kummer und Zorn.

**Die Stimmen** Die Stimmen sind Kommentar zu Monas Gedanken, sie nisten in ihr und können alle hier sein, auch er oder sie, der Bär, die Doktorin, der PRIMUS. Manchmal sprechen sie von Mona, als wären sie nicht eins mit ihr.

**Zeit** Ändert sich sekündlich.

**Ort** Wien und Umgebung.

# Prolog

## Alfred, am Anfang

## Von der Überwindung des Sommers

Mit sechzehn Jahren entdeckte Alfred Stern, dass er über eine Superkraft verfügte. Doch fangen wir mit dem Anfang an.

Niemand wird sich an die Zeit erinnern, in welcher der PRIMUS nicht PRIMUS INTER PARES war, sondern einfach nur Alfred Stern,

niemand wird sich an diesen außergewöhnlich heißen Sommer erinnern, den Sommer, der Flüsse austrocknen und die Bäume verdorren ließ,

niemand wird sich an das Brennen der Hitze erinnern – in den Köpfen der Menschen und in den Nasen der Tiere.

An einem Sommertag (genauer: am dritten August) wurde eine dehydrierte junge Frau (fast siebzehn) ins Allgemeine Krankenhaus der Stadt Wien eingeliefert, kurz vor einer Sepsis, wie der Medizinstudent im zweiten Semester, der die Rettung gerufen hatte, vermutete.

Die junge Frau hatte ihre Schwangerschaft vor den Eltern durch feste Bandagen verborgen gehalten, und so war die Rundung für Amateure kaum als Bauch einer Schwangeren zu identifizieren gewesen (man mag dem Medizinstudenten seine Fehldiagnose deshalb nachsehen).

Die Frau war im Laden ohnmächtig zusammengebrochen, direkt zwischen dem Regal für Konservenbohnen und jenem für Toilettenpapier, und dem Medizinstudenten, der gerade seine Hand nach einer der Dosen ausgestreckt hatte, vor die Füße gefallen. Als die junge Frau wieder zu sich kam, hatte sie eine Nadel im Unterarm (die sie mit einem Tropf verband) und ein Baby neben sich (das mittels Sectio zur Welt gebracht worden war). Durch ein kleines Glasfenster sah sie eine Frau (genauer: die eigene Mutter) im Gang zwei Schwestern anbrüllen, kurz darauf öffnete sich die Tür, die zornige Mutter stürzte auf sie zu, und in einem Moment des Schreckens drückte sie ein Kissen auf das Baby, was jedoch dazu führte, dass das Baby entsetzt aufschrie, was sie noch fester zudrücken ließ.

Die Mutter riss ihrer Tochter das Kissen aus der Hand und fuhr sie an, ob sie denn wahnsinnig geworden sei, sie ersticke das Kind mit ihrem Schwachsinn.

Das waren die ersten Stunden Alfred Sterns, der später einmal eine (in den stärksten Jahren einhundertneunundachtzig Personen umfassende) sektenähnliche Kommune, die PRIMKRU, gründen würde, dem die Menschen hörig würden und dem sie folgen würden bis in die Abgründe.

Die Welt der jungen Frau, die ihn geboren hatte, reichte bis zur Grenze ihres Gemeindebaus, und die Kindeserziehung vollzog sie, wie sie es selbst erfahren hatte: mit flacher Hand und der nötigen Lautstärke.

Der Vater des Kindes war nicht mehr ausfindig zu machen. *Es könnte jeder sein, hahaha,* sagte Alfreds Mutter, wenn sie von den Nachbarinnen gefragt wurde, stets mit dem nötigen Maß sozialadäquater Verlegenheit im Gesicht.

*Eine alleinstehende Mutter mit Kind, das geht ja nicht,*
*und so jung ist sie,*
*da ist was falsch gelaufen in der Familie,*
*die Kleine war*
*immer schon verlottert,*
*mit sieben*
*schon so verlottert und verwahrlost –*

(Das sagten die Nachbarinnen nur hinter vorgehaltener Hand, sagten das Alfreds Mutter nicht ins Gesicht.)

Den Kinderwagen in den dritten Stock zu tragen war eine Unmöglichkeit für die junge Mutter, weshalb sie ihn meist draußen stehen ließ, wo Vorbeikommende ihn als Mülleimer verwendeten. Dergestalt fand sie täglich Abfall im Kinderwagen, den sie dann mit einem Handgriff und wenig Federlesen in die nächste Hecke warf (und wenn Alfred sich den einen oder anderen von der Mutter übersehenen Gegenstand in den Mund steckte, erinnerte sie sich daran, was schon ihre Großmutter gesagt hatte: *Ein gesundes Kind frisst sieben Kilo Dreck im Jahr*).

Der Junge war eine Herausforderung für seine Mutter und die Menschen, die mit ihm zu tun hatten. Schon mit wenigen Monaten verfügte er über so viel Kraft, dass es ihr schwerfiel, ihn zu tragen oder festzuhalten, zweimal löste er sich aus ihrem Griff und schlug auf den schwarzweiß gekachelten Küchenfliesen auf, dann brüllte er noch mehr als sonst, schrie sich in Rage und war nicht ruhigzustellen, nicht einmal, wenn sie ihn auf das Sofa legte und weiterschreien ließ, in der Hoffnung, dass das Gebrüll irgendwann versiegte (es versiegte aber nie, denn Alfred war das, was man gemeinhin als Schreibaby bezeichnete).

Er brachte seine Mutter regelmäßig an die Grenzen ihrer Belastbarkeit, und manchmal musste sie die Wohnung verlassen, weil sie es nicht mehr ertragen konnte, das Geschrei, weil sie sie nicht mehr ertragen konnte, die Mutterschaft, weil sie die Einsamkeit nicht ertrug und die Isoliertheit und weil sie der ständige Lärmpegel sonst in den Irrsinn getrieben hätte.

Sie kam dann beschwipst nach Hause und schlief sofort auf dem Sofa ein (es waren segensreiche Nächte, die nicht infiltriert waren von Babykotze und Babykacke und Babystillen).

Als der Junge fünf Jahre alt war, lernte seine Mutter einen älteren Mann kennen – Manfred. Er hatte eine Vorliebe dafür, Schwächere zu quälen, so lungerte der Mann an den Nachmittagen auf der Couch herum und

steckte

---

Alfred in Säcke,
und er drohte, sie zuzubinden,
wenn ihn der Junge nicht mit
*Sir Manfred von Stieglitz*
ansprach.

Anschließend lehnte sich der Mann zufrieden zurück, nahm einen Schluck von seinem Bier und stellte den

Fernseher an. Er schaute am liebsten Fußball oder Talkshows, die er semi-sachkundig kommentierte. Das Schlimmste an den Säcken war ihr Geruch – der beißende Geruch nach Färbemittel (es sollen schon Leute wegen geringerer olfaktorischer Reize wahnsinnig geworden sein).

Weil Alfreds Mutter das *so sexy* fand, sprach der Mann mit amerikanischem Akzent, den hatte er sich im Rahmen eines Austauschprogramms für Journalisten angeeignet (dabei war er nur wenige Monate im Ausland gewesen, dann hatte man ihn zurückgeschickt; man monierte, dass er sich lieber in Bordellen und Bars aufhalte als in der Lehrredaktion).

Manchmal vergaß Manfred auf den amerikanischen Akzent, vor allem dann, wenn er wütend war. Wenn Manfred wütend war, verfiel er in tiefes Wienerisch und sprach im Imperativ, im Stakkato, er sagte:

> Geh | her | do! | Eine | ins | Sackl,
> Rindvieech, du Rindvieech!
> Gusch, depperter Bua!
> Wohin verdammt | host wieda | die Tschick | gebn?
> Anzündn!

Manchmal hatte Manfred aber auch einen guten Tag, dann brachte er Alfred amerikanische Comics mit und sagte mit dem entsprechenden Akzent, sie seien eine *Leihgabe* (kein Geschenk!), *hörst du, ich will die wieder zurückhaben!*

Alfred schlüpfte mit den Heften unters Bett, spielte mit Superman und gab Batman seine eigene Stimme, weil er die Sprechblasen nicht entziffern konnte (doch er lieh den Helden seine Stimme immer nur leise, *schhhhh,* leise, *pssst,* damit die Mutter ihn nicht hörte).

Batman und er hatten ein Geheimnis, das bis zum Schatten der Bettkante reichte, bis dorthin, wo das Licht eine Trennlinie zwischen Tag- und Nachtwelt schob; dort war Alfreds Gotham City.

Die Großmutter hatte ihm zum Geburtstag eine Taschenlampe geschenkt und in den Nächten, in denen Alfred nicht schlafen konnte, kletterte er auf die Kommode, ließ den Lichtkegel wie einen Suchscheinwerfer über die Erhebungen und Täler seines Zimmers gleiten, fahndete nach Bösewichten und befreite die Guten, er war frei und konnte fliegen, war manchmal Batman, dann Superman, und so bekämpfte er die Schatten, bis er einmal stürzte und sich eine Platzwunde auf der Stirn zuzog. Die darauffolgende Ohrfeige der Mutter sollte ihm in Erinnerung bleiben. Die Taschenlampe nahm sie ihm für immer weg; Schluss mit Heldentaten in finsteren Nächten.

Was Alfred in dieser Zeit fürs Leben lernte:

> EINS wie man Manfreds Füße massierte ZWEI wie man einen Tschick anzündete DREI wie man Bier in ein Glas füllte, ohne zu viel oder zu wenig Schaum zu produzieren VIER wie man sich aus seinem eigenen Körper dachte, wenn man Angst

hatte in der Nacht FÜNF wie man sich in zwei
Schwüngen unter das eigene Bett flüchtete, wenn
es sein musste.

Und er lernte, sich unsichtbar zu machen.

Manchmal war die Tante, eine laute Person, etliche Jahre älter als Alfreds Mutter, bei ihnen zu Besuch, und diese Zusammenkünfte häuften sich, nachdem sie ihren Arbeitsplatz verloren hatte. Wenn die Mutter an den Vormittagen beim Greißler arbeitete und nicht wusste, wohin mit dem Kind, sah dann die Tante nach Alfred, bis die Mutter und Manfred nach Hause kamen. Die Tante trug enge Oberteile, dazu oft Steghosen und pink lackierte Fingernägel. Ihre Haare waren präzise auftoupiert und mit einer Strassstein-besetzten Spange wie an den Hinterkopf getackert, da löste sich kein Haar; nur ihr Lippenstift war ein Fehler im System, immer leicht verschmiert – die rote Farbe wand sich wie eine zittrige Linie die Unterlippe entlang, und Alfred fand, dass ihr Mund wie jener eines Axolotls aussah:

breit und oval und unscharf umrissen,
und er hasste es, den Lippenstift am Morgen wiederzufinden,
auf seiner Decke, auf seinem Kissen.

Die Tante spendete Alfred Wärme in den Nächten und auch sonst, wenn sie mit ihm allein war. Sie erklärte ihm, wie die weibliche Brust funktionierte und den Unterschied zwischen Frau und Mann. *Wie beim Fußball, Alfred, das Runde muss ins Eckige, schau, so sieht das bei uns aus!*

Alfred krampfte sich zusammen bei diesem Biologieunterricht, unter den Berührungen erschauderte er und schämte sich für sein Erschaudern und wusste nicht, wohin mit seiner Scham; doch an seinen Geburtstagen ging die Tante mit ihm in den Zoo, da buk sie ihm in stundenlanger Präzisionsarbeit eine Schlosstorte (einen dreistöckigen Kuchen mit weißer Glasur, bunten Marzipanfiguren und vielen glitzernden Kugeln), und Alfred durfte die Dekoration mit den Fingern runteressen.

Wenn es für die Tante zu spät war, noch nach Hause zu fahren, wenn Alfreds Mutter schlecht gelaunt von der Arbeit kam und *erst einmal runterkommen* musste, tranken sie gemeinsam ihr Bier zum Abend und die Tante blieb bis zum nächsten Morgen, um wieder auf Alfred aufzupassen. So zog sich diese Beziehung endlos wie ein Lichtstrahl über die Jahre.

Als der Junge neun war, lernte die Tante den Bibliothekar Otto kennen, den sie zärtlich *Otterl* rief. Alfred verbrachte die Nachmittage an Ottos Arbeitsplatz, wenn die Tante keine Zeit für ihn hatte. Er mochte die Gesellschaft der Bücher und den Geruch nach altem Papier, und die Abende verbrachten sie zu dritt in Ottos Holzhütte am Waldrand.

Otto las Alfred oft Geschichten vor, tauchte mit ihm in fantastische Welten und streichelte ihn in den Traum, und manchmal, da schlief Alfred zwischen der Tante und Otto im großen Bett (da hatte er sich längst an das Erschaudern gewöhnt).

Als der Junge sechzehn war, entdeckte er in Ottos Bibliothek eine Schrift Wilhelm Reichs, die ihn nicht mehr zur Ruhe kommen ließ, er entdeckte Reichs *Körpertherapie*, welche die *seelische Verpanzerung* aufzubrechen versprach, er entdeckte die *Selbstdarstellung*. Er versank im Lesen, und als ihn der Bibliothekar am Abend mit nach Hause nehmen wollte, bettelte Alfred ihn an, länger bleiben zu dürfen, er sagte, *Ich hab da was entdeckt, bitte lass mich dem nachgehen.* Am nächsten Tag verschwieg Otto der Tante das Schulschwänzen und ließ Alfred in der Bibliothek, wo dieser den ganzen Tag mit den Büchern verbrachte, so ging das zwei Wochen, und als Otto ihn darauf ansprach, was er *mit dem ganzen Psychozeug* wolle, bat ihn Alfred, etwas mit ihm auszuprobieren.

Der Junge hatte etwas an sich, das den Bibliothekar mit Faszination erfüllte, und aller Vernunft zum Trotz schloss er den Laden mitten am Nachmittag ab und folgte Alfred zu einem weitläufigen Platz hinter dem Friedhof, wo sie dann standen, nur umgeben von Bäumen und Sträuchern, und Alfred erklärte Otto, was er gelesen hatte:

… durch autoritäre Erziehung werden Menschen
in ihrer Geschlechtlichkeit unterdrückt, getrieben,
von ihr befallen, die familiäre Knechtschaft,
verstehst du,

alle Verpanzerungen - wir beide müssen sie abwerfen,
müssen uns lösen,
wir sind gefangen
in Vergangenheit, Körpern, alle unfrei ...

Am nächsten Tag formulierte er das *Manifest*:

**PRIMKRU-MANIFEST (Auszug)**

1. Alle Menschen unterliegen einer familiären Vorschädigung, die aus Besitzdenken resultiert.

2. Wenn emotionell instabile Eltern Kinder in die Welt setzen, ziehen sie ebenfalls seelische Krüppel heran.

3. Es kann deshalb nur einen Weg geben, ein gesundes Kindesheranwachsen zu gewährleisten: einen Verband. Dieser Verband hat autark zu agieren und sich selbst zu versorgen, frei von staatlicher Reglementierung.

4. Aufgezogen werden die Kinder von nicht blutsverwandten, unabhängigen Personen (Glucken) in einem Nest.

5. Die Autorität in diesem Verband muss von einer demokratisch gewählten, vernunftbegabten Person ausgeübt werden. Diese Person muss PRIMUS INTER PARES sein.

6. Die bereits vorgeschädigten Erwachsenen sollen in diesem Verband die Möglichkeit erhalten, sich ihren Dämonen zu stellen und sich im Rahmen einer Therapie von ihnen loszulösen.

7. Entsprechend ihrer individuellen Reife können die Personen bis zu sieben Levels erreichen.

8. In dem Verband, der PRIMKRU, wird ab Erreichen von Level 5 die Freie Sexualität gelebt.

9. In dem Verband, der PRIMKRU, lebt man frei von Beziehungsfesseln, frei von Eifersucht und Leistungsdenken.

10. Die PRIMKRU bietet Schutz vor der Kälte einer Gesellschaft, die durch soziale Ungerechtigkeit entsteht.

Alfred war wie benommen von seiner Idee und trachtete danach, sie in die Welt zu tragen, eine Gruppe zu initiieren, die seine Vision teilte, und so blieb er an einem Nachmittag länger in der Schule, um auf der Schreibmaschine Kopien des Manifests zu erstellen. Er produzierte um die dreißig Flugblätter, die er in der Schule verteilte. Als ihn ein blondes Mädchen dabei entdeckte, folgte es ihm und fragte, was er da mache, er sagte, *Willst du wissen, was ich meine?,* griff nach ihrer Hand, zog sie in die Toilette, sperrte sich mit ihr ein, sie begann zu heulen, er sagte, *Du musst Vater und Mutter überwinden, das alles steht hier* (dabei wedelte er mit den Blättern vor ihrem Gesicht herum), *du wirst schon sehen, wie befreit du dich danach fühlst, los, wir ziehen uns aus.* Doch die Kleine hatte Angst und kauerte sich auf den Boden, sie wimmerte und kreischte, *Bitte, lass mich raus.* Da hämmerte von draußen jemand gegen die Tür und rief, *Was zum Teufel geht hier vor?* Das Mädchen rief um Hilfe, und die Tür wurde eingetreten.

An einem außergewöhnlich kalten Tag im Januar wurde der sechzehn Jahre alte Alfred Stern vor das Jugendgericht zitiert, wo er entdeckte, dass er über eine Superkraft verfügte. Als er nämlich zu den Vorfällen befragt wurde, sprach er einfach drauf los, erzählte von der Befreiung, sah dabei den Richter mit seinen wasserblauen Augen an, und der bemerkte, dass er dabei war, im Sog des Jungen unterzugehen, dass er berührt war von den Worten, die ihm da um die Ohren gewirbelt wurden, und der Richter sagte nur, dass die eigene schreckliche Kindheit nicht als Rechtfertigung für derartige Übergriffe herangezogen werden dürfe und dass Alfred die eigene Kindheit überwinden müsse, weil er bald erwachsen sei und damit Verantwortung trage.

Alfred Stern entkam mit einer bloßen Ermahnung und dem Wissen um sein Talent, die Menschen einzufangen mit seinen Melodien, sie wie der Rattenfänger einzufangen, damit sie ihm bis an den Rand der Gesellschaft folgten, um den Sommer endgültig zu überwinden.

# Mona

**Ein Raum**

Ein Raum ist nicht nur ein Raum.
Ein Raum ist im Haus,
ein Raum hat Beton, hat Wände, hat Weckrufe,
ein Raum hat Gegenwart, Träume und Listen.
Ein Raum hat Insassen. Die Insassen machen
das Wetter im Raum.

Ein Raum ist unvermeidlich.

## MAUERN

Im Wind heulen die Geister. Vor meinem Fenster schimmern die langen Gräser im Abendlicht orange und schwingen in Wellenbewegungen. Am Rand der Wiese steht eine dunkle Scheune. Sie taugt für viele Fantasien mit ihren schiefen Brettern, sie hat keine Fenster, nur ein paar ausgebrochene Stellen im Holz. Man kann gar nicht anders, als sich zu fragen, welche Geheimnisse sie verbirgt.

Unser Zimmer, Sabines und meines, liegt im vierten Stock, den Wind hört man hier immer. Sabine schläft in einer Nische, im Dunkeln, sie ist schon seit drei Monaten hier. Fenster empfindet sie als Bedrohung, sie sagt, die Geister würden durch die Ritzen kriechen und sich die erstbeste Person vornehmen. Die erstbeste Person wäre in diesem Fall ich, ich schlafe gegenüber dem Fenster. Doch habe ich schon vielen Gespenstern ins Gesicht gesehen, manchmal voll Angst, manchmal mutig; ich bin froh darüber, ein Fenster zu haben.

Meinen Koffer habe ich nicht ausgeräumt, er wartet neben der Tür, wo ich ihn gestern abgestellt habe, nur meinen alten Gedichtband habe ich unter dem Kopfkissen versteckt. Zahnbürste und Nachthemd stellen sie uns hier zur Verfügung, meine Kleider hat die Schwester gegen einen Anstaltsanzug getauscht, als sie die Blut- und Erdflecken auf Shirt und Rock sah.

**Ein Raum ist unvermeidlich**
Das ist dein Raum, da musst du hinein,
da gehörst du hin.
Den Raum teilt Sabine mit dir.
Darin sind Scheren nicht erlaubt.
Messer sind nicht erlaubt.
Fenster zu öffnen ist nicht erlaubt.
Wenn du Schmerzen hast, drücke den Knopf.
Wenn du Angst hast, drücke den Knopf.
Bettruhe ist um neunzehn Uhr.
Deine Kleidung gehört in die rechte Seite des Schranks,
die linke Seite gehört Sabine.
In die Toilette gehören nur deine Exkremente
und dein Urin.

Auf der anderen Seite des Gebäudes befindet sich ein Hof, umzäunt von einer Thujenhecke. Sie haben mir gesagt, dass wir uns dort aufhalten dürfen – nicht jedoch auf den Wiesen und Feldern vor meinem Fenster.

Solange ich hier bin, werde ich nicht erfahren, was sich in der Holzhütte verbirgt.

Die Thujenhecke ist bestimmt vier, fünf Meter hoch und akkurat beschnitten. Im Hof stehen die anderen Insassinnen allein oder in kleinen Gruppen herum und rauchen, eine blonde Frau gähnt unverhohlen, während sie eine andere mit einer Handbewegung, mit der man Fliegen verscheucht, von der einzigen Bank vertreibt. Als sie sich setzt, legt sich der Schatten der Hecke wie ein Schleier über ihr Gesicht.

Die Tage hinter den Mauern sind strukturiert, nach dem Frühstück muss ich zur Morgenrunde, anschließend gibt es Aktivitäten: Gruppen- oder Einzeltherapien. Meinen Stundenplan hat mir ein dicker Pfleger mit dichtem Haar auf den Unterarmen heute Morgen erklärt.

Ich würde lieber aus dem Fenster sehen und die Scheune beobachten. Sie erinnert mich an die PRIMKRU, an damals, an alte Gespenster.

**Ein Raum ist nicht nur ein Raum**

Der Raum war ihr Leben, sie hatte ihn nie von außen gesehen. Dieser Raum war ihr Geruch, ihre Stimme, die in ihm widerhallte.

Der Raum war ihr Körper.

**Der Raum ist im Haus**

Der Raum stand nicht im Leeren. Er begrenzte Monas Erfahrungen, ihre Gefühle.

Anfangs durfte sie nur in SEINER Obhut hinaus, dann musste sie unauffällig und still an SEINER Hand gehen.

Als sie älter wurde, ging sie nicht mehr an SEINER Hand, da ging sie hinter IHM, denn ER sagte, *Die anderen werden unsere Verbindung nicht verstehen. Die anderen werden reden über dich.*

Als sie noch älter wurde, ging sie nicht mehr nur an SEINER Hand, da ging sie manchmal an der Hand von Paul. ER sagte, *Pass auf, dass Paul dich nicht mit in den Abgrund zieht. Du bist Novizin. Paul versteht das nicht.*

So wurde Mona zum Gespenst.

**Beton**
war die Farbe ihrer Tage in der PRIMKRU. Beton konnte grau und strahlend sein, manchmal klebte der ganze Tag am Beton.

Sie versuchte, Wellen zu schlagen. Sie prallten ab am Beton.

## KUNST

Es wird noch dauern, bis ich mich hier zurechtfinde, ständig verlaufe ich mich in den nahezu gleich aussehenden Gängen; manche sind gesäumt von hässlichen Handwerksprodukten der Insassinnen. Ein Holzstich hängt neben einem Häkeldeckchen mit ungleichmäßigen Schlaufen, gegenüber befindet sich eine Collage. Allen Arbeiten ist gemein, dass sie wie von Kinderhand gefertigt aussehen, sie erinnern an die Bastelstunde im Nest. In der PRIMKRU hat Kunst eine große Rolle gespielt, wir hatten täglich Unterricht beim PRIMUS, alle Teilnehmenden mussten sich versammeln und die neuesten Werke besprechen. Der PRIMUS verbrachte einen Großteil seiner Zeit mit Malen. ER sagte, dass die meisten von uns wenig Talent hätten und von IHM lernen könnten.

An meinem zweiten Tag komme ich zu allen Therapien zu spät, laufe falsche Trakte entlang. Die Ärztinnen und Ärzte ermahnen mich. Sie sagen, *Sie sind hier nicht auf*

*Urlaub, Mona, Sie müssen sich an unsere Regeln halten.* Die wichtigste Regel lautet: *Sie haben Ihren Therapieplan einzuhalten.*

Jedes Mal, wenn ich denke, ich hätte den Dreh raus – bei der gelben Fotocollage links, dann bei der Fingerfarbenzeichnung noch mal links (oder war es rechts?) –, lande ich doch im falschen Raum. Ich versuche, mich über den Blick aus dem Fenster zu orientieren, und bin verwirrter als zuvor.

Der dicke Pfleger ist freundlich. Er erklärt mir, dass die Gänge sternförmig angeordnet sind, doch ich habe gelesen, dass spitze Winkel für das Gehirn schwer zuordenbar sind.

Dieser Ort ist ein Ort ohne Gedanken, nur mit Strukturen, wir befolgen den Plan, sonst passiert nichts; auch das ähnelt meinem Leben in der PRIMKRU, es scheint, dass das Leben überall auf der Welt gleich abläuft.

**Die Wände**

Die Wände des Raums waren schallverpackt, alles geschah in stummer Gleichgültigkeit, wie unter Wasser. So wurde jede Bewegung langsamer.

Mona nistete im Beton, sie nistete in ihrem Raum, im Nest nebenan nistete Paul mit den anderen Kindern, beaufsichtigt von den Glucken, doch hören konnten die sie nicht, denn im Primsidium geschah alles hinter verschlossenen Türen, *Hier bewahrt man Stillschweigen,* sagte der PRIMUS. *Wegen des Neids,* sagte der PRIMUS (und sie wusste Bescheid).

Der Raum dehnte sich aus und zog sich zusammen, gleich den Kontraktionen eines Organs.

Wenn der PRIMUS in den Raum eindrang, wurde alles zu eng.

Wenn der PRIMUS sie umarmte, erstickte er sie (doch das erzählte sie nicht einmal Paul).

Wenn der PRIMUS sich zurückzog, nahm er ihr Innerstes mit.

Wenn der PRIMUS den Raum verlassen hatte, blieb sie noch im Bett liegen (in der kleinen, dunklen Koje). Und rings um sie: die Wände.

Die Wände kamen mit jedem Atemzug näher, Mona verbündete sich mit der Wand im Rücken, die Wand vor ihr näherte sich (irgendwann würde sie Mona zerquetschen), sie hielt den Atem an, wollte sich dagegenstemmen, den Raum zwischen den beiden Wänden aufspreizen, doch sie konnte ihre Glieder nicht bewegen, die Glieder hatten längst aufgegeben.

An diesen Tagen sehnte Mona sich nach Rache, sehnte sich danach, den PRIMUS aufzuspreizen und sein Innerstes mitzunehmen, doch immer blieb sie nur liegen, unfähig, reglos.

## WECKER

Sie wecken mich um eine Uhrzeit, die nicht zum Aufstehen taugt. Weil es in der Regel stundenlang dauert, bis ich abends einschlafen kann, und sie mich viel zu früh zur Morgenrunde holen, leide ich an konstantem Schlafmangel. Die anderen Insassinnen erzählen in der Morgenrunde von ihren Befindlichkeiten: *Ja, die Medikation passt noch; Ach, mein Knie juckt heute ganz grauenvoll.* Besonders die Alte mit dem Speichel in den Mundwinkeln spricht fast täglich, dabei hört sie sich an wie der verrückte Hutmacher: kurze Sätze ohne Zusammenhang. Ich selbst schweige.

**Wenn der Weckruf**
in der PRIMKRU am Morgen erschallte, vermutete sie draußen Sonnenstrahlen. Um diese Uhrzeit durfte sie nie hinaus, Ausgang war immer erst mittags, immer nur unter Aufsicht. Wer sich aus dem Hof schlich (was mitunter vorkam), dem drohten Arrest und Strafe.

Nach dem Aufwachen putzten sich alle Kinder aus dem Nest die Zähne und wuschen ihre Gesichter, fünf an einem Becken und dahinter wieder fünf. Mona hatte ein eigenes Becken, einen eigenen Waschraum, sie war Novizin, war stolz darauf, vom PRIMUS erwählt zu sein, musste nicht in der Reihe stehen und warten, bis sie zum Becken durfte.

Zum Frühstück ging Mona gemeinsam mit den anderen Kindern in den Speisesaal; sie gingen im Gleichschritt, in Gleichkleidung, weiß mit gelben Socken (Mona trug als Einzige eine rote Schärpe um die Taille).

## GESPRÄCHE, WIEDERHOLUNGEN

In der heutigen Morgenrunde kommen wir nicht ohne Dolmetscher aus, Sabine hat eine traumbeladene Nacht hinter sich und spricht nur noch in Zwischenlauten.
Zu Mittag gibt es Kürbissuppe, Sabine schüttet Backerbsen hinein, bis sie sich über ihrem Teller auftürmen und von der Suppe nichts mehr zu sehen ist, ich sage, *Sabine, das reicht jetzt, du hast schon genug, die sind ja unten schon ganz matschig,* doch sie ignoriert mich und schüttet weiter *Perlen* in die Suppe, bis sie überquellen; als der Pfleger kommt und ihr die Packung wegnimmt, beantwortet Sabine das mit einem gellenden Schrei.

Am Nachmittag geht es dann weiter, eine Runde draußen im Hof drehen, ein Hustenanfall nach einer Zigarette; zum Abendessen bekommen wir zerkochte Pasta mit Sauce, irgendeiner Pilzsauce, Sabine nimmt nicht teil, der Platz neben mir bleibt leer.

Das Leben hinter den Mauern ist von Repetitionen geprägt:

MONTAG:
*Morgenrunde*
  *Heute häkeln wir ein Platzdeckchen! (Ergotherapie)*
    *Hätten Sie ein Feuerzeug für mich?*
        *Bewegungsraum von vierzehn bis fünfzehn dreißig.*
      *Psychotherapie, Einzelsitzung*

DIENSTAG:
*Morgenrunde*
*Heute stricken wir Handschuhe! (Ergotherapie)*
*Hätten Sie ein Feuerzeug für mich?*
*Bewegungsraum von vierzehn bis fünfzehn dreißig.*
*Psychotherapie, Einzelsitzung*

MITTWOCH:
*Morgenrunde*
*Heute häkeln wir eine Blume! (Ergotherapie)*
*Hätten Sie ein Feuerzeug für mich?*
*Bewegungsraum von vierzehn bis fünfzehn dreißig.*
*Psychotherapie, Einzelsitzung*

*etc. pp.*

Die Stimmen der Menschen in weißen Kitteln hallen durch die Räume und Gänge; wie eine Wolke schweben die Sätze über den Köpfen der Frauen:

*Aufstehen, Aufstehen,*
*es ist Zeit, waschen Sie sich, bitte! Haben Sie sich*
*die Zähne geputzt? Wie haben Sie heute geschlafen?*
*Wie geht es Ihnen mit der Medikation? Haben Sie etwas für*
*das Wochenende geplant? Möchten Sie heute*
*Nachmittag spazieren gehen?*

Ich werde nie gefragt, ob ich Pläne fürs Wochenende habe oder gerne Ausgang hätte, ich bin eine jener Insassinnen, die vor Ort bleiben müssen, mit einem Reif um das Handgelenk, der mich verrät, wenn ich die Station verlasse: Sobald ich die unsichtbare Schranke passiere, geht ein Alarm los, dann laufen sie alle, die Frauen und Männer in weißen Kitteln laufen mir nach, sagen, *Mona, Sie wissen doch, dass Sie bei uns bleiben müssen.* Wenn ich unbeobachtet bin, versuche ich, das Schloss des Reifs zu knacken, mit einer Haarnadel, die ich auf der Toilette der Schwestern gefunden habe.

Seit ich hinter den Mauern lebe, sehe ich die Doktorin täglich in einer Therapiestunde. Ich kenne sie schon lange, seit meinem Ausbruch aus der PRIMKRU. Damals kam ich zu ihr in die psychiatrische Notambulanz, weil es die Tante irritierte, wenn ich stundenlang an die Wand starrte und in den Nächten wach lag.

Das Behandlungszimmer hier sieht dem Raum in der Ambulanz ähnlich: steril, unpersönlich; der Duft nach Lavendelöl wirkt fehl am Platz, doch dieser Raum hat genau die richtige Größe, um in Deckung zu gehen. Ich lege mir ein Kissen auf den Bauch und umschlinge es mit den Armen (ein Kissen zwischen mich und die Welt schieben).

Die Doktorin sagt, *Wir werden nun noch mehr Zeit miteinander verbringen, Mona. Vor Gericht geht es immer um die Tat und die Schuld und die Gewalt und das Grausame – doch ich möchte verstehen, wie es dazu kam. Lassen Sie es uns langsam angehen. Möchten Sie mir von Natascha erzählen?*

Das möchte ich nicht, das kann ich nicht, doch einen Tag verkehrt herum zu erzählen wäre eine willkommene Abwechslung.

**STURM**

Mein Körper reagiert auf die Therapien. Ich muss dem Schmerz einen Namen geben, ihn benennen, er ist eingebrannt in meine Haut, wie ein Stigma leuchtet er auf meinen Unterarmen. *Der Schmerz ist Bewusstwerdung,* sagt die Doktorin. Die Erinnerung kommt in kleinen Portionen hoch, tornadogleich, manchmal für die Dauer eines Wimpernschlags; dann kriecht sie zurück in mein Innerstes, und ich fühle mich wieder gut, als wäre nichts geschehen.

Die Erinnerung ist: der starre Blick des Mädchens, das Gesicht des PRIMUS über mir, eine Atombombe. Die Doktorin zeigt mir Atemübungen gegen die Panikattacken und erinnert mich daran, ein Tagebuch zu führen, mit Listen und Träumen und allen anderen Dingen, die mich beschäftigen; das hat sie mir schon einmal gesagt, damals, als ich noch bei der Tante wohnte, in der kleinen Wohnung unterm Dach. Diese Notizen füllten zahlreiche Bücher, doch die Angst verging davon nicht. Einsamkeit widersetzt sich den geschriebenen Seiten.

**Ein Raum hat Träume**

Umblättern, immer umblättern, wie besessen durchpflügte sie das Buch, dann das nächste, Mona war Schwamm für geschriebene Worte, konnte nicht genug bekommen von all den Gedichten und Geschichten, Mona las über Vögel, las über den Wald da draußen, und wenn der Traum sie plagte in der Nacht, wenn der Tag sie plagte in der Nacht, griff sie zum Buch, las die

Zeilen zum wiederholten Mal, sprach in Gedanken mit, wurde innerlich ganz weit davon und summte ein Lied, doch

sie summte nur leise,
ganz leise,
*pssst.*

## TRÄUME

Traumdurchzechte Nächte haben zugenommen, seit ich hinter den Mauern lebe, das Gesicht des Mädchens taucht immer wieder darin auf, manchmal klar, manchmal bis zur Unkenntlichkeit entstellt, ich komme nicht an gegen die Kleine, kann sie nicht vertreiben, sie sucht mich heim. Die Albträume setzen sich in meinem Becken fest, sie pressen den letzten Rest Energie aus meinem Körper; felsengleiche Brocken, die mich nach unten ziehen. Ich sage der Doktorin, *Sabines Gespenster treiben ihr Unwesen auch mit mir.*

Wenn ich nicht einschlafen kann, zähle ich meine Fingerkuppen, wieder und wieder, um mich zu vergewissern, dass sie mir nicht abhandengekommen sind. Ich nummeriere auch die Gegenstände im Raum, alles muss seinen Platz haben hinter den Mauern, ein Rest Sicherheit, ein bisschen Kontrolle.

Die Medikamente, die ich gegen die Angst einnehme, verwässern meine Wahrnehmung, deshalb bekomme ich zusätzlich jene, die mich wieder klar machen sollen, mit aufputschender Wirkung, weshalb ich neuerdings auch Schlaftabletten schlucke. Der Cocktail an Psychopharmaka spiegelt sich in meinem Gesicht, im Spiegel sehe ich einer jungen Frau beim Erblassen zu.

**Glassturz**

Die Spiegel im Primsidium wurden eines Tages zerstört, um die Oberflächlichkeit aus den Köpfen der Menschen zu vertreiben (einen Spiegel zu besitzen, war mit Arrest bedroht), und die Scherben wurden zu einem Mosaik gefügt; seither glitzerte der Schornstein des Hofes im Sonnenlicht, er funkelte vor sich hin.

Mona war sieben Jahre alt, als die Spiegel vernichtet wurden, doch sie trug heimlich eine große Scherbe davon, die sie fortan unter ihrem Schrank versteckte. Holte sie die Scherbe hervor, sah Mona, dass sie anders aussah als die anderen Kinder, ihre Augenbrauen und Wimpern waren hell, der Teint blass, Sommersprossen verteilten sich auf ihrem Körper (insbesondere auf ihren Schultern und Knien).

Der PRIMUS versicherte Mona, dass alles an ihr perfekt sei, er sagte, sie sei wunderschön, er sagte, *Ich habe als Kind genau so ausgesehen wie du, und sieh mal, was aus mir geworden ist. Die anderen wollen dich schwächen, das darfst du nicht zulassen. Eines Tages wirst du sie anführen, und dann werden sie es nicht wagen, auf dich hinabzusehen.*

Und Mona war neun, als sie den anderen Kindern zeigte, wie besonders sie war, sie sorgte dafür, dass die anderen sie gut behandelten, drohte damit, den PRIMUS zu verständigen, wenn jemand ihr Essen stahl oder sie an den Haaren zog, und immer folgten ihren Drohungen Taten, sodass ihr die Kinder fortan mit freundlicher Distanz begegneten.

## DIEBIN

Sabine liegt auf dem Bett, aufgebahrt wie eine Tote. Die Decke unter sich hat sie glatt gestrichen, den Kopf mittig auf den Polster gelegt, die Hände unter der Brust gefaltet. Sie trägt ein weißes Anstaltsnachthemd und ihre schwarz glänzenden Lederschuhe. Neben ihr liegt ein rotes Haarband, die Augen hält sie geschlossen, auf den Lippen liegt ein Lächeln, als wäre sie zufrieden. Ich mag es nicht, wenn sie so dramatisiert, ich suche meinen Gedichtband, vermute, dass sie ihn heimlich an sich genommen hat. Ich trage das Buch immer mit mir herum oder verstecke es unter meinem Kopfkissen, doch als ich zurückkomme von der Morgentherapie, ist es verschwunden.

Den Gedichtband fand ich auf dem Dachboden des Primsidiums, damals, als sie mich in den Arrest steckten für etliche Stunden. Ein schmaler Lichtkegel fiel durch die abgedunkelten Fenster, man gewöhnte sich rasch an die Dunkelheit. Unter der Dachschräge standen etliche Kartons, angeknabbert von Mäusen und anderem Getier, und darin befanden sich Bücher, Perücken, Kissenhüllen, ein Tagebuch, gefüllt mit Schriftzeichen, die ich nicht entschlüsseln konnte.

Ich trete ans Bett, sage, *Sabine, hast du mein Buch gesehen?* Sabine tut, als schlafe sie, doch ich sehe, dass ihre Wimpern zucken. *Sabine!*

Ich rüttle an ihrer Schulter, plötzlich beginnt sie zu kreischen, es ist ein ohrenbetäubendes Geräusch, ich fliehe aus dem Raum, suche den dicken Pfleger, bitte ihn, mir beizustehen, er versucht, Sabine zu beruhigen; das Buch entdecke ich zwischen Sabines Unterwäsche.

## Andenken

[...]

Noch denket das mir wohl und wie
Die breiten Gipfel neiget
Der Ulmwald über die Mühl',
Im Hofe aber wächset ein Feigenbaum,
An Feiertagen gehn
Die braunen Frauen daselbst
auf seidenen Boden,
Zur Märzenzeit,
Wenn gleich ist Nacht und Tag,
Und über langsamen Stegen,
Von goldenen Träumen schwer,
Einwiegende Lüfte ziehen.
[...]

**Im Hofe wächset ein Feigenbaum**

Am liebsten erzählte sie von dem großen Feigenbaum im Innenhof des PRIMKRU-Vierkanters, dessen Äste so lang waren, dass sie bis an das Fenster des Speisesaals reichten. Manchmal nach dem Essen, wenn sie niemand dabei beobachtete, weil die Teller eingesammelt und das Besteck gewaschen wurden, weil ein Kind nach mehr Brei krähte und die Glucken ihm den Nachschlag verwehrten (mit dem Hinweis, dass es ohnehin schon zu dick sei), versuchte Mona, eine Frucht zu erhaschen.

Der Feigenbaum trug dreimal im Sommer Früchte und immer so viele, dass man sie nicht zählen konnte. An manchen Tagen schickten die Glucken alle Kinder über lange Leitern hinauf, um sie zu pflücken, sie wollten Marmelade kochen und die Feigen einlegen. Paul erklomm den Baum auch ohne Leiter und schwang sich zu Stellen, an die sich die anderen nie gewagt hätten, manchmal tat er, als würde er Mona vor einem Absturz bewahren, umarmte sie und steckte auch ihr eine Feige in den Mund; sie schmeckten so köstlich, dass sich Mona zusammenreißen musste, um nicht vor Freude aufzulachen, und immer blieb sie ein wenig länger als notwendig in Pauls Umarmung.

**Die braunen Frauen**

Drinnen lag herb-süßlicher Duft, es roch ein wenig nach Zedernholz. Jeden Morgen das Haschen um Aufmerksamkeit der braunen Frauen (der Glucken), jeden

Morgen ein neuer Versuch, herauszustechen. Die Kinder balancierten zwischen zu großer Unartigkeit (die Strafe zur Folge hätte) und zu bravem Verhalten (das Unsichtbarkeit nach sich ziehen würde).

Die Glucken trugen einheitliche Gewänder, ihre Kleider hatten den Farbton von Nussholz. Ein weißes Schürzchen banden sie um die Taille, passend zum Kragen. Man erkannte sie nicht nur an ihrer Kleidung, auch am roten Punkt an der Nasenwurzel. Mona fragte ihre liebste Glucke einmal, ob der Punkt beim Waschen verschwinde und sie ihn täglich aufmale. Die Glucke verneinte. Dann sagte sie, *Wenn man den Punkt bekommt, ist man für immer Glucke, so sieht es das Manifest vor.*

**Und über langsamen Stegen**

Ein einsamer Feldweg führte vom Wald zu der Umzäunung des Primsidiums. Das Haupthaus war ein Vierkanthof, in dem sich die wichtigsten Räume befanden: Schlaflager, Nest, Speisezimmer, der große Saal, Arrest. Es gab wenige Einzelzimmer, eine Küche, einen Waschraum.

Im Schlaflager für Erwachsene tummelten sich die Teilnehmenden nackt auf einer großen Pritsche und praktizierten jede Nacht die Freie Sexualität. Auch die Kinder waren zum Mitmachen eingeladen. Und danach, wenn sich alle zum Schlafen niederlegten, hörte man nur noch das Kratzen der Rattenfüßchen auf den Holzdielen.

Dass aus den wenigen Duschköpfen das Wasser tropfte und die einzige Toilette ständig besetzt war, daran störte man sich nicht, dafür stellte man Eimer bereit (Eimer als Lösungsansatz für sämtliche Probleme).

Dergestalt fanden sich:

- Eimer für Exkremente
- Eimer für Wasser
- Eimer für Erbrochenes (nach der Selbstdarstellung)

Im Winter konservierten die Räume Feuchtigkeit und Kälte, im Sommer die Hitze, es war zum Ersticken im alten Gemäuer. Es roch nach fauligem Obst und abgestandenem Essen. Wer zuerst an Nahrung kam, zuerst Kleidung wählen durfte, wer wo saß an der Tafel, das bestimmte die Position innerhalb der sieben Levels, die, vom PRIMUS definiert, sich jederzeit ändern konnte – nur wer sich dauerhaft Mühe gab, behielt seinen Platz in den höheren Rängen.

Und dann gab es noch die Sonntagnachmittage im Entenhaus. Das kleine, verglaste Gebäude inmitten des Ententeichs übte eine ungebrochene Faszination und Anziehungskraft aus, denn hier wurden die großen Entscheidungen getroffen (und die kleinen), die Post besprochen und die Redaktionssitzung für die monatliche *Proklamation* (die hauseigene Zeitung) fand statt. Es gab niemanden, der bei den sich dort ereignenden

Besprechungen nicht gerne Mäuschen gespielt hätte, doch nur den Mitgliedern des Entenrats unter dem Vorsitz des PRIMUS waren sie zugänglich.

Die alte Fotografie, die im Besprechungsraum als einzige Dekoration hing, zeigte sieben Personen – die sieben Gründungsmitglieder der PRIMKRU. Das Papier war an den Rändern geknickt und wieder aufgefaltet worden, feine Linien zogen sich über die Oberfläche. Auf dem Bild war ein Apfelbaum zu sehen, seine Äste bogen sich unter der Last der Früchte. Die Personen darunter waren nackt und saßen um einen Gartentisch, nur ein junger Mann stand mit ausholender Gestik und aufgewühltem Gesicht da.

Der Entenrat bestand noch immer aus den Gründungsmitgliedern der PRIMKRU, obwohl alle drei Jahre eine Wahl abgehalten wurde und jede Stimme gleiches Gewicht besaß. Die Wahl wurde vom Lakay durchgeführt und das gewünschte Ergebnis notfalls durch Manipulation sichergestellt. Die Gründungsmitglieder waren jene Frauen und Männer, die mit dem PRIMUS einst eine Wohngemeinschaft gebildet hatten – lange vor Errichtung der PRIMKRU.

Sie hatten schon damals ihr Leben im Geiste einer Kommune gestaltet, die Therapie entwickelt und den korrekten Ablauf einer Selbstdarstellung, hatten schon früh die Vision einer großen Gemeinschaft als Gegenbewegung zur gegenwärtigen Gesellschaft, die sich durch Geldgier und Autorität definierte, gehabt.

**Ein Raum hat Insassen**

**… die Kinder (oder: Das Morgenritual)**

Der Morgen konnte still sein, der Morgen konnte klar beginnen. Manchmal trödelte er auf den Kissen, dann roch das Nest nach Frühlingserwachen. Um sieben Uhr dreißig weckten die Glucken die Kinder auf, sie zupften an Zehen, lachten und riefen zum Aufstehen.

Das Morgenritual trieb Blüten in die Waschkammer, Seifenblasen schillerten in allen Farben der Erde.

**… Mona**

Es gab Brandbeschleuniger für das Verstehen: alt genug; irritiert genug; versehrt genug zu sein. Mona war eine jener Insassinnen, die verstanden - sie war irritiert genug, versehrt genug; alt genug war sie noch nicht, sollte man mit vierzehn schließlich noch nicht am Abgrund stehen.

**Die Insassen machen das Wetter im Raum**

Die Kinder machten das Wetter im Raum sonnig; wenn die Glucken den Raum betraten, roch es nach Stroh und Stall. Die Kinder, die im Nest lebten, waren viele an der Zahl. Wenn neue Kinder im Nest ankamen, drehte sich der Wind.

Mona lebte nicht im Nest. Novizinnen waren dort nicht erwünscht.

**Den Raum durchbuchstabieren**

K lein ist er
A uch kaum möbliert und sehr beengt, doch alles meins
M anchmal wäre ich lieber bei den wolken (da oben),
bei den wolken (da draußen), bei –
M eistens sehe ich die wolken nur in meinem kopf,
beim träumen
E R hat mir gesagt, ich sei etwas besonderes,
ich sei novizin wegen des
R ostroten haares und des reinen blutes

**Ausbildung**

Erst nach ihrer Geschlechtsreife und einem Ritual zum Äquinoktium nahmen die Kinder regulär an der Freien Sexualität teil. Die Namen aller, die diesen Schritt bereits absolviert hatten, standen dann auf dem täglichen Aushang, nur mit Mona verhielt es sich anders, denn: Der PRIMUS hatte eine besondere Vorliebe für sie. ER hegte vom Zeitpunkt ihrer Geburt an Gefühle für sie, suchte diese Tendenzen aber zu unterdrücken, weil es die Normen nicht vorsahen, dass ER einen Liebling hatte. Doch ER konnte SEINE Begeisterung nicht unterdrücken, und je älter Mona wurde, desto stärker wuchsen Eifersucht und Begierde, und so kam es, dass ER im Entenrat die Konzeption von Novizinnen vorschlug, was der Entenrat bewilligte (dafür hatte der PRIMUS gesorgt). So bekam Mona ein eigenes Zimmer und schlief nicht mehr im Nest.

Novizinnen sollten nur mit dem PRIMUS verkehren, was IHM endlich Erleichterung in Bezug auf Mona verschaffte. Es wäre vorgesehen gewesen, Monas Äquinoktiumsritus abzuwarten, bis ER seinen Gelüsten nachgeben durfte (denn so war das im Entenrat besprochen), doch der PRIMUS konnte sich nicht zurückhalten in SEINER Zuneigung für das Mädchen, das mittlerweile vier Jahre alt war; aufgrund der Novizinnen-Ausbildung konnte ER nun viele Ausflüge mit ihr unternehmen und sie verwöhnen, natürlich alles im Sinne ihrer persönlichen Entfaltung; schon früh führte ER Mona in die Sexualität ein, doch immer beschwor

ER sie zu schweigen, drohte, sie verlöre die Aussicht auf das Königreich, und wer wäre sie denn allein auf der Welt, wovon sollte sie leben, ohne die PRIMKRU wäre sie ein Nichts, hätte sie nichts, nichts würde aus ihr werden. Der PRIMUS schärfte ihr ein, den anderen Kindern nicht von ihrer besonderen Beziehung zu erzählen, da diese neidisch werden und Mona ausstoßen könnten. Und so kam es, dass Mona nicht einmal Paul davon berichtete, ihrem wichtigsten Freund und Vertrauten.

**Novizin werden**

Der PRIMUS hatte sie in einen kleinen Raum geführt, ohne Fenster, mit Vorhängen an den nackten Wänden, Schallschutz.

ER hielt ihre Hand, sagte, *Du musst ab jetzt nicht mehr bei den anderen Kindern schlafen, das ist dein Reich. Du bist mein besonderer Schatz, und ich werde achtgeben auf dich.*

Der PRIMUS sagte auch, *Kannst du dich erinnern, was wir beide mit Noemi gemacht haben?* Mona wusste nicht, was ER meinte, zuckte also mit den Schultern, *Na, Mona, was macht man, wenn man ein so großes Geschenk bekommen hat,* SEIN Griff umschloss ihren Arm etwas fester, so fest, dass sie aufschrie (vor Schreck), *Sei still, Mona,* sagte der PRIMUS, Mona ging in die Knie (vor Schmerz), sagte leise, *Ich will das nicht machen.*

*Was sagst du da? Ich glaube, ich habe dich nicht verstanden,* lauter wurde der PRIMUS und wütend, Mona duckte sich weg, sie schlug sich die Hände vors Gesicht und kauerte sich auf dem Boden zusammen, der PRIMUS hob sie hoch, SEINE Stimme nun wieder sanfter, ER sagte, *Kleines, entschuldige, dass ich dich erschreckt habe, aber es kränkt mich, wenn ich das Gefühl habe, dass du mich nicht liebst.*

## SEIDENSCHAL

An manche Dinge erinnere ich mich mühelos. *Ich war neun Jahre alt,* erzähle ich der Doktorin, *da fand ich einen Seidenschal. Er war mit aufwendigem Muster bemalt: orientalischen Ornamenten in Kobaltblau, Senfgelb, Dunkelrot. Auf nackter Haut fühlte er sich wie ein Lufthauch an, ich konnte nicht genug von diesen Zärtlichkeiten bekommen.*

*Obwohl ich nicht wusste, wem der Schal gehörte, glaubte ich, ihn schon irgendwo gesehen zu haben – eine verschwommene Erinnerung, als versuchte man, durch Milchglas zu sehen. So ein edles Stück war untypisch für die Menschen hier, wir trugen Leinen und grobe Stoffe, alles war PRIMKRU-Eigentum, und ich beschloss, den Schal für mich zu behalten.*

*Bei der abendlichen Selbstdarstellung sollte man nackt sein, sich in all seiner Verletzlichkeit zeigen, nur so, hieß es, wirke die Therapie. An diesem Abend meldete ich mich freiwillig, was ich sonst nie tat, üblicherweise wurde ich mit Nachdruck aufgefordert, in die Arena zu gehen. Ich machte meine Darstellung zu einer Performance, trug nichts außer dem Schal. Als ich mich erhob, um in die Mitte zu gehen, sagte die Glucke neben mir, ich sei kokett; ich wusste nicht, was das bedeutete, doch es klang nicht erstrebenswert, sie sagte, Sei nicht so kokett, die Darstellung ist eine ernstzunehmende Sache.*

An diesem Abend stellte ich zum ersten Mal die kranke Beziehung zu meiner Mutter dar; ich bewegte mich, tanzte, schrie, stöhnte – ich machte all das, was ich bei den älteren Teilnehmenden der PRIMKRU, die nicht wie ich in die Gemeinschaft hineingeboren worden waren, oft gesehen hatte. Ich sah das Entsetzen in den Augen aller um mich Sitzenden, so viele starrten mich an, wissend, dass ich nie eine Mutter gehabt hatte. Ich hatte eine Herstellerin, eine Unbekannte, doch aufgewachsen war ich bei den Glucken. Plötzlich wurde es still im Raum, die Musik hatte aufgehört zu spielen, ich hörte nur noch das Stampfen meiner eigenen Füße, meinen Atem, der unregelmäßig und stoßartig ging, Keuchen.

Noch heute erinnere ich mich an die Ekstase, das wohlige Schaudern, das ich bei diesen Blicken empfunden hatte, und dass ich mich ergötzte an der Erschütterung der anderen. Ich begann damit, mich mit dem Schal zu streicheln, ich liebkoste meine Scham, erinnerte mich plötzlich an eine Situation mit dem PRIMUS und Noemi, da war ich noch ganz klein. Das Milchglas wurde klar; ich genoss meine Berührung und die Aufmerksamkeit aller, und als ich in den rituellen Urmord an den Eltern übergehen wollte, mich selbst mit dem Schal zu würgen begann, brach der PRIMUS die Darstellung abrupt ab.

**Den Raum aufsagen**

Der Raum hat Fenster, die ins Nichts blicken.
Der Raum hat Fenster, die die Dunkelheit hereinlassen.
Der Raum hat Stimmen.
Der Raum hat eine Bestimmung.
Der Raum ist unvermeidlich.

**Fenster, die ins Nichts blicken**

*Was empfinden Sie, wenn Sie stundenlang am Fenster stehen, wohin schauen Sie,* fragt die Doktorin. *Es ist tröstlich, die Scheune zu betrachten, mir einen Ofen und Suppe und Paul vorzustellen,* sage ich, *Wie ein Zuhause.*

*Tragen Sie diese Heimatlosigkeit schon lange in sich?* Die Doktorin notiert etwas. *Seit dem Exodus,* sage ich, *Nein, eigentlich schon seit Paul fort ist.* Die Doktorin kritzelt auf ihrem Notizblock herum, ich würde gerne lesen, was sie schreibt.

*Wie meinen Sie das,* fragt die Doktorin. Ich gähne, nehme einen Schluck von dem Wasserglas, das neben mir auf dem kleinen Tisch steht, dabei verschütte ich ein wenig, die Tropfen bilden kleine Murmeln auf meinem Hemd, ich hebe den Stoff leicht an und betrachte die glitzernden Kugeln im Licht.

*Mona?* Die Stimme der Doktorin reißt mich aus meinen Gedanken, ich schrecke kurz hoch, dabei gleitet mir der Stoff aus den Fingern, die Tropfen stürzen ab. *Jetzt haben Sie alles kaputt gemacht.*

**Fenster, die die Dunkelheit hereinlassen**

>>

Von draußen kommt die Dunkelheit herein, sie bedeckt den Boden und malt Schatten auf die Tapete. Ich schlafe immer mit dem Rücken zur Wand. Wenn ich nachts aufwache und die Wand im Rücken nicht mehr spüre, schrecke ich hoch. Es ist schwer, wieder einzuschlafen.

## STIMMEN

Abends, wenn ich trotz Schlaftabletten wach liege, höre ich den Wind mit seinen geisterhaften Lauten. Das Bett ist schmal, die Matratze hart. Ich probiere ständig neue Positionen aus, mit dem Kopf dem Raum zugewandt, mit dem Kopf zur Wand, Beine auf dem Kissen, nach links gedreht, nach rechts gedreht, auf dem Bauch liegend; auch Sabines Schnarchen sabotiert meine Versuche, mich endlich fallen zu lassen, und weil ich nichts anderes zu tun habe, als meine Gedanken im Kopf zu wenden, werden die Stimmen der Personen, die in mir wohnen, unruhig.

Die Personen sind nicht immer da, nur manchmal dehnen sie sich aus in mir, da spricht der Bär, da spricht eine Glucke, sie sprechen von mir, als wäre ich unbeteiligt, und erzählen mir meine eigenen oder ihre Erinnerungen; oft höre ich den PRIMUS, doch gibt es auch andere, nicht zuordenbare. Wenn sie laut werden, weiß ich oft nicht, was innen ist und was außen. Die Personen können in mir lesen wie in einem Buch; seit sie meinen Körper bewohnen, sind meine Gedanken nicht mehr frei, und ihre Stimmen sind an unterschiedlichen Stellen zugegen: Mal kratzen sie im Kehlkopf, überraschen mich im Schlaf, dann will ein Laut aus meinem Mund entweichen, wie ein Rülpsen, ein Krächzen, zuweilen spüre ich die Personen auch im Rücken. Sie können Diktatoren sein oder Ratschläge geben; mit den Stimmen zieht sich auch der Raum zusammen. Ich versuche, sie zu erwischen, bevor sie mich packen, drücke brennende Zigaretten auf die

Stellen an meinem Körper, aus denen sie sprechen. So habe ich schon manche Stimme vertrieben, doch es bleibt immer noch alles bloß Kommentar zu meinen Gedanken.

**Der Raum hat Stimmen**

Im Grunde zeichnete er sich durch Stille aus, Stimmen warf nur ich an die Wand. Ich nistete stimmlich im Raum, ich nistete stimmlich im Beton, ich nistete –

**... die Stimme eines PRIMKRU-Gründungsmitglieds**

Zu Beginn haben wir ärmlich gelebt, wir waren voller guter Absichten, wie eine Kinderbande, wir haben uns so gut verstanden, da war alles noch frisch und im Aufbau, wir waren hungrig nach Veränderung und wollten etwas für die Menschheit tun, was natürlich sehr hochtrabend war, aber die Absichten waren gut; wir haben die gesamte Umgebung bepflanzt und bewässert, unseren eigenen Ackerbau betrieben, alles schön, alles idyllisch.

Nach einiger Zeit gab es die ersten Kinder, und mit dem Aufkommen der Kinder hat sich die Einstellung des PRIMUS verändert, ER zeigte schon damals ziemliche Tendenzen.

Es wurde Leistungsdruck erzeugt zum Erreichen der Levels; letztlich war nur der PRIMUS vollständig geheilt, ER entschied, wo jemand stand, höher oder tiefer, und ja, es gab zwar Parameter, doch wir wussten alle nicht, wann sie erfüllt waren; ich kannte Alfred noch von früher, wir waren gut befreundet, doch diese

Freundschaft veränderte sich rapide, als ER immer machthungriger wurde.

Die Kinder waren unsere Opfer von A bis Z, da bin ich schonungslos mit mir, aber damit man es versteht: Ich war anfangs wirklich überzeugt von der Idee, eine gesündere, bessere Gesellschaft zu erschaffen und Teil eines großartigen Projektes zu sein. Da entschuldigt man viel, man hat immer das höhere Ziel im Kopf, sieht teilweise weg, weil man weiß, dass Fehler immer passieren können, und später ist man mitverantwortlich oder hat sich selbst schuldig gemacht, und irgendwann ist es zu spät.

**... die Stimme Monas**

Eigentlich konnte ich gut singen, ich sang auch sehr gerne.

Die Glucken sagten immer, *Mona singt wie ein Engelchen.* Dann strichen sie mir übers Haar und ER küsste meine Stirn.

Später, als ich älter wurde, durfte ich nur singen, wenn ER es gestattete, dann aber war das Singen Pflicht. Meistens wollte ich abends singen, allein im Bett, doch das war nicht erlaubt. ER sagte immer, *Ich sehe, was du tust, ich kann durch Wände blicken.* ER sagte, *Singen wirst du nur für mich.*

Ich liebte es, allein zu singen, meine Stimme trug durch die Nacht, ich vertrieb die Gespenster unter dem Bett, doch ich fürchtete, dass ER aus den Poren des Betons kriechen könnte. Die großen Löcher versiegelte ich mit Kugeln aus Toilettenpapier und Spucke, die kleinen sang ich weg.

### … die Stimme des PRIMUS

Noch wärmte die Herbstsonne den Boden, und ich war mit Mona unterwegs. Wir hielten uns am Waldrand und nahe der Lichtung auf; Mona sammelte Kastanien, Nüsse, Steine. Sie suchte nach getrockneten Blättern – rostroten, gelben.

Als wir nach einigen Stunden zurückkehrten, waren ihre Wangen gerötet. Ein lachendes Kindergesicht sah zu mir hoch, und sie griff nach meiner Hand. Ihre Ausgelassenheit rührte mich. Mona wollte Igel aus Kastanien und Zahnstochern basteln, Blätter und Sträucher in Form von Waldtieren auf Buntpapier kleben, sie mit Fingerfarben bemalen. So verbrachten wir einen ganzen Tag miteinander, am Abend schlief sie erschöpft ein, und ihr gesamter Körper strahlte, ein Augenblick von Nähe.

### … die Stimme von Weihnachten

Wenn der erste Schneeball zur Schlacht rief, wenn die Schulglocke zum Aufbruch schrillte, warteten die Ferien, das stand im Kinderbuch, das Mona von einer Glucke geschenkt bekommen hatte.

*Was ist eine Schulglocke,* fragte sie. *Ein überholtes Konzept,* sagten die Glucken.

Die Glucken erzählten von Holzrodeln, um zur Schule zu kommen, und davon, dass sie bis zum Nabel im Schnee gesteckt hatten. In ihrer Kindheit hatte es noch die großen Flocken gegeben; der Boden war kalt gewesen damals, und die Tage waren dunkel gewesen, Schneewehen hatten sich aufgetürmt, und die Glucken erzählten von kältefreien Tagen, an denen niemand hatte arbeiten müssen. In ihrer Kindheit hatten die Nüsse am Baum gehangen, die Mandarinen geduftet, jeder Raum war erfüllt gewesen von Frucht und Nuss. In der Kindheit der Glucken hatte es zu Weihnachten Geschenke gegeben.

So eine Kindheit gab es in der PRIMKRU nie.

**BILDUNG**

*Ich hätte gerne eine Schulglocke gehabt,* sage ich.

*Sie hätten zur Schule gehen sollen, Mona, Sie hätten zur Schule gehen müssen. Wer hat Ihnen denn alles beigebracht, das Rechnen und das Schreiben und das Lesen,* fragt die Doktorin.

*Wir hatten eine Glucke, die mich jeden Tag in den Erziehungsraum brachte, dort sollte ich lernen. Ich mochte den Geruch der alten Bücher, ich habe meinen liebsten Gedichtband immer dabei.* Ich hole den Hölderlin aus meinem Rucksack und reiche ihn der Doktorin.

*Der Geruch erinnert mich an zu Hause,* sage ich, *und es fühlt sich an, als hätte der Dichter meine Gedanken aufgeschrieben.*

*Was meinen Sie, wenn Sie von zu Hause sprechen,* fragt die Doktorin.

*Die PRIMKRU an manchen Tagen,* sage ich. *Sie war wie ein Kompass, der mir die Richtung wies, oder ein Bootskiel, stabilisierend. Die Gemeinschaft und der Zusammenhalt. Das schönste Zuhause war für mich die »Oase Neue Nachbarschaft«, das Wohnprojekt des Bären.*

Die Doktorin sagt, *Und trotzdem ist Natascha tot.*

**... die Stimme der Tante**

Ich könnte euch sagen, wie es um Verlust bestellt ist, wie es ist, ohne meine Schwester ans Meer zu kommen und allen Gassen ihren Namen einzuschreiben, auf der Suche nach dem Verlorenen, doch wer würde sich dafür interessieren, für meinen Verlust interessieren; wen würde er stören am Meer, wo es keine Jahreszeiten gibt (da ist der Sommer Gewohnheit).

Als Kinder liefen wir das Kopfsteinpflaster entlang, immer Hand in Hand, immer unzertrennlich, wie es bei jenen, die gemeinsam im Mutterleib gewachsen sind, oft der Fall ist, und in diesen Sommermonaten war das Leben so normal.

Alles war normal: die Wärme auf der Haut, die ölige Pasta, die Mutter am Herd, die Tee aufsetzte am Abend; das Wohnmobil, der Vater in seinem braun gestreiften Hemd, mit dem Seitenscheitel, der sich im Sommer nicht an eine klare Linie halten musste; der Vater auf dem Klappstuhl sitzend, immer eine Zigarre in der Linken und eine Zeitung am Schoß, die Beine hochgelegt. Und der weiße Klapptisch, der runde weiße Klapptisch. Die anderen Camping-Gäste, mit denen wir bis in die Nacht Karten spielen durften; diese Abende, an denen man als Kind nicht ins Bett musste, an denen man wartete, bis man müde war, was wir beide immer hinauszögerten.

Die Mutter war adrett, sie hatte keinen Sommerscheitel und keine Sommerkleider, sie sah aus wie immer. Es war so normal, das Leben am Meer.

Meine Schwester verliebte sich in diesen Jungen am Strand, der ihr Muscheln schenkte und die Sterne versprach (wo doch jede Frau wissen sollte, wie es um Männer bestellt ist, die einem Sterne versprechen), doch als der Sommer vorbei war, war es auch ihre Liebe, und als wir zurück in die Stadt kamen, nagte der Winter an meiner Schwester, da wurde sie immer dünner und blasser, selbst ihre rotblonden Haare wurden matt, und ich konnte nur zusehen und fürchtete um den nächsten Sommer.

Der Kummer hatte sie fest im Griff, sie nahm sich vor, der Liebe abzuschwören, fehlte in der Schule immer häufiger, und unser Cousin setzte ihr Flausen von der Revolution in den Kopf. Im nächsten Frühjahr kam sie plötzlich mit der *Verachtung der Kleinfamilie* daher, sie wollte mich zu einem Gesprächsabend mitnehmen; sie sagte, dort werde ein ganz neues Modell vorgestellt, ohne den Kummer, den die monogame Liebe verursache, sie sagte, *Das kann Alfred aber besser erklären, ich werde IHN dir vorstellen.*

Ich war so froh um ihr Stimmungshoch, ich dachte, *Wer sie so zum Strahlen bringt nach all den tristen Tagen, hat eine Chance verdient,* also folgte ich ihr in eine Jurte. Die Leute hatten kurz geschorene Haare, nur meine Schwester und ich stachen aus der Menge heraus mit unseren langen Locken; und auch sonst waren die Menschen auf gewisse Weise einheitlich, und plötzlich johlten alle und riefen nach dem *PRIMUS*.

Ein junger Mann trat auf, an ihm konnte ich nichts Besonderes entdecken, rothaarig wie meine Schwester und ich, ein schmächtiger Bursche mit Grübchen auf der linken Wange; nur sein Blick hatte etwas Eindringliches. Er sprach auf uns ein, schien dabei völlig überzeugt von dem, was er da von sich gab. Für mich hörte sich alles nach linksradikaler Propaganda an, und ich wusste, dass unsere Eltern nichts davon goutieren würden. Nicht auszudenken, wie die Strafe des Vaters ausfiele, würde er meine Schwester und mich hier antreffen.

Ich konnte mein Gesicht nicht abwenden von ihrer Ekstase, und sie flüsterte mir zu, *Helga, ich erwarte ein Kind von einem Kommunarden und werde demnächst in die Gruppe aufgenommen, ist das nicht wunderbar? Aber sag' ja nichts zu den Eltern!*

Ich war in diesem Moment unfähig, etwas zu antworten, doch sie beachtete mich ohnehin nicht, sog jedes Wort auf, und als wir uns auf den Heimweg machten, hakte sie sich bei mir unter. Ihre Schritte hatten etwas Federndes, neben ihr fühlte ich mich schwer und steif und grau. Ich war noch immer nicht in der Lage, irgendetwas zu erwidern, so tief saß mir der Schock im Kehlkopf.

In den Wochen darauf veränderte sich meine Schwester, eines Tages kam sie mit kurz geschorenen Haaren daher (*Die neu Hinzugekommenen haben alle kurze Haare,* erklärte sie mir im Vertrauen, *Daran erkennt man uns sofort*), das löste einen Tobsuchtsanfall beim Vater aus.

Am nächsten Morgen war sie weg, sie hatte die meisten ihrer Habseligkeiten dagelassen und einen Brief, in dem sie mir sagte, dass sie mich liebe und sich wünsche, ich würde mich der PRIMKRU ebenfalls anschließen. Sie schrieb, dass sie ein zweiwöchiges Reinigungsseminar auf dem Hof machen wolle. Ich sagte den Eltern nichts davon, obwohl ich ihren Kummer über das Verschwinden meiner Schwester kaum ertrug. Stattdessen versuchte ich, sie zu finden.

Meine Schwester kam wieder, sie kam und ging in unregelmäßigen Abständen, bis wir uns irgendwann daran gewöhnt hatten, sie sporadisch zu verlieren. Nach jedem Aufenthalt in der PRIMKRU distanzierte sie sich ein wenig mehr von uns, irgendwann stahl sie aus der Haushaltskasse eine beachtliche Menge Geld. Sie erzählte nicht, was sie erlebt hatte, vertraute mir nichts mehr an, ihr Blick wurde wieder stumpf, sie magerte ab bis auf die Knochen, doch weil ihr Bauch wuchs, unterließ Mutter die Vorwürfe irgendwann, sie wusste, sie würde sie sonst verlieren. Vater wachte hingegen mit strenger Hand über meiner Schwester, er sagte, *Solange du deine Füße unter meinen Tisch streckst, hältst du dich an meine Regeln, und bis du großjährig bist, bleibst du hier.*

Schließlich gebar sie einen Sohn, den die Familie über alles liebte, und wenn sie zu einem Seminar in die PRIMKRU fuhr, blieb der kleine Paul bei mir. Die Eltern hatten die Vormundschaft für den Jungen erhalten, weil meine Schwester noch nicht großjährig war, sodass sie zurückkehren musste, wenn sie Paul sehen wollte; sie fragte den Vater oft nach Geld, das er ihr nur unter der Auflage gab, für längere Zeit zu Hause zu bleiben.

Einmal nahm sie Paul mit, da war er schon vier Jahre alt, und weil ich mich um ihn sorgte, folgte ich ihr heimlich in die Wälder, bis ich dieses Primsidium zum ersten Mal erblickte, das meine Schwester so nachhaltig verändert hatte. Meine Angst um den Jungen war kaum zu ertragen, mittlerweile war meine Schwester großjährig, die Eltern hatten die Vormundschaft über Paul zurücklegen müssen, sodass sie mit ihm gehen konnte, wohin sie wollte.

Und dann kam der Tag, an dem sie ein letztes Mal zurückkehren sollte. Hätte ich das gewusst, hätte ich etwas unternommen, sie festgehalten oder wenigstens den Jungen. Doch ich war ahnungslos, so verschwand sie ungehindert.

Ich könnte schon sagen, wie es um den Verlust bestellt ist, wie es ist, ans Meer zu kommen und allen

Straßen dort ihren Namen einzuschreiben, auf der Suche nach dem Verlorenen; doch wen würde das interessieren?

Meine Sommer am Meer waren jedenfalls nie wieder normal.

## MEERBLICK

Ich sage der Doktorin, *Ich wollte mit Paul ans Meer fahren, er wollte mir die Wellen zeigen, ich erinnere mich an die Geschichten, die er mir erzählte, wenn wir gemeinsam im Arrest saßen, im Dunkeln. Er sprach vom Salz auf den Lippen, von der Kruste auf der Haut, wenn man sich in der Sonne trocknen ließ, von dem stechenden Schmerz auf den Fußsohlen beim Barfußlaufen im heißen Sand.*

Ich erinnere mich daran, dass wir uns damals schworen, gemeinsam auszubrechen. Ich erinnere mich an seine Unterarmhaare. Wenn ich an Paul denke, vermisse ich alles an ihm.

**... die Stimme von Pauls Mutter**

Ich war insgesamt achtzehn Jahre lang in der PRIMKRU. Zum Zeitpunkt des gesellschaftlichen Umbruchs war ich fünfzehn, da war ich begeistert von der Revolution; ich habe die Schule geschmissen; der Krieg hat uns geprägt, besonders meine Eltern, da gab es nicht viel zu diskutieren: Was die Eltern sagten, galt, und die Kinder mussten folgen.

Dass man gegen die familiäre Autorität sein musste, war mir klar; ich war siebzehn, als ich Reisen mit meinem Cousin unternahm, der zufällig auf die Anfänge der PRIMKRU in Wien gestoßen war. Ihn faszinierte dieses neue Modell, also überredete er mich, mit ihm zu einem Kolloquium zu gehen; vorn stand der PRIMUS mit ein paar anderen Leuten, sie sprachen davon, wie kaputt wir alle seien wegen der Besitzansprüche der Eltern und dass Besitzansprüche der Grund für alles Schlechte in der Welt seien. Sie sprachen aus, was ich seit Jahren in mir trug und nie zu benennen gewusst hatte. Und erst da merkte ich, wonach ich mich gesehnt hatte: In der PRIMKRU würde ich nicht mehr allein sein. Meine Zwillingsschwester war da ganz anders, ich wollte sie mitnehmen und auch für die neue Gemeinschaftsform begeistern, doch sie konnte sich nicht von den Eltern lösen.

Ich erinnere mich an mein erstes Seminar, die rituelle Reinigung, das Fasten, die Vorbereitung des Heilungsprozesses; die Willensstärke, die ich aufbringen musste; man konnte sich nicht ohne Weiteres einer Kommune anschließen, man musste sich bewerben, das Basisseminar erfolgreich absolvieren. Abgesehen von der Therapie und der Freien Sexualität lernten wir auch die Basis, Kunst, Selbstdarstellung – das sollte das eigene Innere mit dem Äußeren verbinden. Ich machte gleich am ersten Workshop-Abend meine Darstellung – nackt und ehrlich und echt und unverstellt; ich schien das sehr gut gemacht zu haben, der PRIMUS lobte mich; ich weiß noch, wie stolz ich war, als sie mir sagten, dass ich geeignet sei, Mitglied zu werden.

Ich war dann relativ bald schwanger, es wäre die Gelegenheit gewesen, der Kommune beizutreten; doch ich war noch nicht großjährig, und meine Eltern hatten die Vormundschaft für meinen Sohn Paul bekommen, deshalb verbrachte ich nur wochenweise Zeit in der PRIMKRU, bis ich endlich – da war Paul schon fünf – dauerhaft mit ihm in die Gemeinschaft zog; die Eltern und Helga wollten mich nicht loslassen, auch für mich war dieser Abnabelungsprozess schwer, sie kontaktierten Paul in regelmäßigen Abständen.

Ich hatte damals ein Drogenproblem und immer zu wenig Geld – die Therapie und die Selbstdarstellungen funktionierten für mich wie eine Gratis-Droge, die endlich dauerhaft zu wirken versprach. Anfangs waren alle so nett zu mir. Auch die Idee von Gemeinschaftseigentum fand ich toll.

Als ich fix in die Kommune zog, verstand ich, dass mir in der PRIMKRU nichts gehörte, nicht mein Körper, nicht meine Unterwäsche, nicht meine Gedanken; von diesem Zeitpunkt an änderte sich alles. Sie nahmen mir auch meinen Sohn weg, man musste sich unterordnen, den Befehlen Folge leisten; erst da wurde mir bewusst, dass ich schon wieder in ein Abhängigkeitsverhältnis geraten war.

Der Tagesablauf war komplett durchgetaktet mit Arbeit, Selbstdarstellungen, Zeichenkurs, Essenszeiten, Therapie – wir hatten keine Sekunde Freizeit. Es waren dreimal täglich zwanzig Minuten für Sex einzurechnen, und sogar die Sexualität war genau choreografiert – man musste festgelegte Geräusche machen, bestimmte Bewegungen zu einem bestimmten Zeitpunkt durchführen, und wenn man mit jemandem gut zusammenkam, war die Choreografie erst recht erforderlich, weil Improvisation beim Gegenüber *etwas auslösen könnte.* Alles Gefühlvolle war verpönt, wir haben uns mit Begeisterung unsere Emotionen abgewöhnt. Wenn einen jemand fragte, mit dem man keinen Sex haben wollte, kam man mit guter Ausrede einmal am Tag durch, bei der zweiten Ablehnung beschuldigte er dich, nicht wirklich frei zu sein; bei der dritten Abfuhr war klar, dass er darüber berichten würde.

Was ich viel zu spät verstand – der Mensch musste seine Individualität in der PRIMKRU komplett vor der Tür lassen.

Nach einiger Zeit empfand ich es als unerträglich, dreimal am Tag Sex haben zu müssen – stets ohne Gefühl. Sie sprachen von Freier Sexualität, dabei war nichts Freies daran; es gab diesen *Fickplan,* alle waren einzelnen Sektionen zugeteilt, die sich an der PRIMKRU-Struktur orientierten; man musste innerhalb der eigenen BAG vögeln – BAGs, das waren *Bewusstseinsarbeitsgruppen.* Bevor ich in die PRIMKRU zog, hatte ich kurz im Bordell gearbeitet, um meine Drogensucht zu finanzieren. Im Vergleich zur Freien Sexualität ging es im Bordell fast menschlich zu, obwohl ich dort nicht dreimal, sondern öfter am Tag Sex hatte.

Innerhalb der eigenen BAG wurde auch die Therapie durchgeführt; es entwickelte sich mit der Zeit eine Vorgabe, wie eine Sitzung optimalerweise abzulaufen hatte, von A bis Z, einige konnten das gut, die konnten sogar auf Befehl erbrechen.

Am meisten quälte mich, dass ich Paul nicht mehr bei mir haben konnte; sie schotteten ihn völlig ab, und ich akzeptierte das, weil man mir einredete, wie sehr ich ihn verletzen und schädigen würde, dass er ein besserer Mensch sein könnte, wenn er bei den Glucken aufwüchse – Frauen höheren Ranges, die geheilt waren. Innerlich zerriss es mich.

Irgendwann tauchte meine Schwester vor dem Primsidium auf; sie drohte mit der Polizei und brüllte, sie wisse, dass Paul ermordet worden sei, erzählte, dass sie Mona bei sich aufgenommen habe und den ganzen Laden hochgehen lassen würde, wenn man sie nicht mit mir sprechen lasse.

Ich war gerade dabei, den Speisesaal zu putzen, als die Wachmänner – unsere Borden – mich holten. Ich war verunsichert, wehrte mich anfangs, das gebe ich zu – ich hatte meine Schwester so viele Jahre nicht gesehen. Von ihr erfuhr ich vom Tod meines eigenen Sohns, das löste in mir etwas Fürchterliches aus – Hass, Wut, das Gefühl, gedemütigt worden zu sein, Schmerz. Ich wollte mir einreden, dass Helga fantasiere – mir hatte man erzählt, dass Paul in die Kommunen-Niederlassung nach Genf versetzt worden sei.

Helga erzählte, Paul habe sich manchmal mit ihr bei einer Mühle getroffen und dass Mona mittlerweile im Maßnahmenvollzug sei, weil wir sie so kaputtgemacht hätten mit unserem Scheiß, sagte, dass ich ihr helfen solle, Paul zu rächen und die PRIMKRU endlich ihrer gerechten Strafe zuzuführen. Helga warf mir vor, dass ich meinen eigenen Sohn nicht beschützt hätte; ich sank in mich zusammen, ich weiß noch, dass ich alles wie durch Watte sah und hörte, meine Knie knickten weg, ich schlug auf dem Boden auf. Als ich wieder zu mir kam, wurde ich wütend. Ich war so vor den Kopf gestoßen, dass ich mich zuerst nur rechtfertigte und meine Schwester anbrüllte. Ich sagte, sie sei doch völlig bescheuert und paranoid, dabei wusste ich, dass sie recht hatte, ich sagte, dass ich sie nie wieder sehen wolle, dann wurde ich zum Entenrat zitiert, um zu berichten, was vorgefallen war. So erfuhr der PRIMUS von Monas Aufenthaltsort, und mir war nicht bewusst, dass er sie daraufhin regelmäßig besuchte und dass ich sie in Gefahr gebracht hatte, ich war so blind vor Angst und so erschüttert vom Tod meines Sohnes, ich hatte schreckliche Schuldgefühle und mich überhaupt nicht mehr im Griff.

Das letzte Mal, dass ich Helga sah, war an diesem Tag. Zum Schluss spuckte sie mir vor die Füße und meinte nur, *Bist du jetzt zufrieden?*

## BESUCH

Für heute hat sich Besuch angekündigt, ein Onkel, wie man mir sagt. Es ist verwirrend. Ich habe die Tante seit Langem nicht gesehen, sie kann mir nicht verzeihen, ich kann mir selbst nicht verzeihen. Meine Gefühle sind ein Fluss. Wild, unbeherrschbar für mich, reißend für das Mädchen, das darin ertrank. Die Schuld schwemmt mich fort.

Als ich den Raum für Gäste betrete, erkenne ich IHN sofort. ER hat mich gefunden, sucht mich heim hinter den Mauern. *Na los, komm,* sagt die Schwester, *dein Onkel wartet. Ist es nicht schön, dass dich endlich jemand besucht?*

Bis heute habe ich gehofft, nur meine Träume wären dazu imstande, mich in die PRIMKRU zurückzudrängen. Ich sage der Schwester, dass ich diesen Mann nicht treffen will. Die Schwester ist überrascht, sie ist neu hier, es ist ihr zweiter Tag. Sie ist nur für die einfachen Dinge zuständig und geht davon aus, dass wir alle etwas verrückt sind. Sie sagt, *Mona, was soll ich denn machen, gib ihm eine Chance, dein Onkel freut sich so auf dich, er scheint ein wirklich netter Kerl zu sein.* In diesem Augenblick dreht sich der PRIMUS um, sieht mich, unmittelbar darauf gehorcht mir mein Körper nicht mehr; ich möchte wegrennen und kann nur dastehen, in Schockstarre, möchte schreien, stattdessen presse ich die Lippen aufeinander, stumm. Ich spüre, wie meine Hände feucht werden, ich zu frieren beginne. Die Worte des PRIMUS tropfen in meine Ohren wie Gift, es ist ein Ertrinken von innen.

## Wenn Tag und Nacht sich gleichen (vulgo: Die Rituale)

Das Fiebern hin zum Äquinoktium war gegenwärtig wie Gespenster, zweimal im Jahr drehte sich die Erregung der gesamten Gemeinschaft um das Fest, da wurde der Tag zur Nacht und durchgemacht.

Am Tag des Äquinoktiums trugen alle Kinder schwarze Kleider, die bis zu den Knien reichten, und nichts darunter (damit das Ritual unkompliziert vonstattengehen konnte).

Am Tag des Äquinoktiums wurde der Saal mit Blumen geschmückt. Der Lakay betrat den Raum zuerst, dahinter schritt der PRIMUS, neben ihm gingen Losträgerin und Loszieher, sie trugen den Goldenen Topf mit den Namen der geschlechtsreifen Kinder (die hatten ein goldenes Band um ihre Kutte geschlungen); hinter ihnen streuten die kleineren Kinder Blumen auf den Weg, und die Trommeln wurden laut geschlagen.

Es waren immer drei Kinder, deren Namen ausgelost wurden, um dem PRIMUS in den Königreichsaal zu folgen und rituell in die Freie Sexualität eingeführt zu werden.

Manche Mädchen versuchten, den Roten Fluss verborgen zu halten vor den Glucken, doch es half ihnen nicht, denn die Glucken waren Seismografen für Geschlechtsreife.

**Ein Gedicht**

ER ist könig
(den könig spielen immer die anderen)
ER ist das recht
(das recht ist hart erkämpft)
ER ist das licht
(doch man sieht IHN nicht
durch die wolkenschicht)

**Rituale: Erynnerung**

Die Zeit flanierte zwischen den Möbeln, verweilte im Teppich, kratzte an den Holzstühlen, nagte an den Gesichtern der Menschen.

Der Teppich war rund und lag zentriert im Raum, er war so groß, dass man sechsundzwanzig Sekunden (vierunddreißig Schritte) brauchte, um ihn zu überqueren. Der Teppich lag unter der großen Kuppe, durch deren buntes Glas bei der morgendlichen Konditionierung die ersten Lichtstrahlen fielen, doch bei der Erynnerung hatte sich die Dunkelheit bereits in allen Ritzen der Fliesen eingenistet.

Bei der Erynnerung saßen die Kinder auf dem Teppich, die übrigen Teilnehmenden der PRIMKRU um sie herum.

Der Lakay betrat den Raum, eine Fackel in der Hand haltend, sagte er, *Liebe Freunde, wir reichen uns die Hände. Reichen wir uns die Hände in Liebe. Wir erynnern uns jener, die uns vorausgeschritten sind, die schon die schwarzen Niemandskleider tragen. Wir neigen unsere Häupter für die Ankunft des PRIMUS INTER PARES.*

Der PRIMUS trat sodann auf, immer barfuß (damit ER Wurzeln schlagen konnte in alle Ewigkeit), und proklamierte diese Worte, *Wir erynnern uns der Normen der PRIMKRU, wir erynnern uns an die Levels of fire* (das war das Stichwort für den Lakay, der sich zu einer großen Feuerschale in der Mitte des Teppichs bewegte. Dort entzündete er die ewige Flamme, das

Primfaya, das seine Entsprechung in der Haarfarbe der Auserwählten fand, allen voran der des PRIMUS).

Nach dem rituellen Akt begann die Darstellung der eigenen Krankheit, die Musikantinnen schlugen die Trommeln, eine Person nach der anderen löste sich aus den Zusehenden und stellte sich dar, brüllte, schrie, wand sich in Ekstase, und der PRIMUS und die Therapeuten leiteten mit Kommentaren an. In der Darstellung wurden Tabus durchbrochen, die Darstellung war eine Oper, eine Inszenierung, in der es keine Grund-, nur Zwischentöne gab.

**Plan und Luft**

Paul hatte den Plan gefasst, Mona vor der Äquinoktiumsentjungferung zu bewahren und gemeinsam mit ihr zu fliehen; er wollte alles tun, um sie vor der drohenden Zuneigung des PRIMUS zu bewahren, dabei hatte das Mädchen sie zu diesem Zeitpunkt längst erfahren, doch das durfte sie ihm nicht sagen, und als die Beziehung zu Paul immer intensiver wurde, wurde der PRIMUS eifersüchtig, und Paul saß ständig im Arrest wegen irgendwelcher Belanglosigkeiten. Obwohl in Mona die Angst vor sozialer Ächtung schwand, weil ihre Liebe und ihr Vertrauen zu Paul wuchsen, konnte sie sich nicht offenbaren – denn nun war es ihre Scham, die Mona schweigen ließ: die Scham, Paul belogen zu haben und beschmutzt zu sein; die Scham, Pauls Pläne zu vereiteln, und die Scham, im PRIMUS dieses Verhalten erst ausgelöst zu haben. Überhaupt, so glaubte Mona, war sie wohl selbst an alldem schuld mit ihrer kindlichen Koketterie (das hatte ihr der PRIMUS schon früh erklärt). Doch in Mona wuchs auch die Wut – weil sie nicht dazu imstande war, sich gegen den PRIMUS zu wehren –, und sie schämte sich dafür, dass sie ihre Rachegelüste immer unterdrückte.

Es gab viele Möglichkeiten, sich zu schämen, und so schwieg Mona weiter, und Paul verfolgte seinen Plan, Mona zu retten vor dem Äquinoktiumsritual mit dem PRIMUS und der täglich ausgeübten Freien Sexualität, denn Paul nahm schon lange daran teil und wusste, wovor er davonlaufen wollte.

**Du**

Ich war auf der Suche nach einem Ausweg, hätte ihn fast aus den Augen verloren

– kein Wunder (um diese Tageszeit),
kein Wunder (weil das Licht unschlüssig war) –,
doch ich entdeckte Du.

Ich sah Du zum ersten Mal hinter einem dieser Sträucher, die kaum zum Verstecken taugten. Du saß auf gefrorenem Boden. Als ich mich näherte, knirschte es unter meinen Schuhen, die Grashalme brachen unter meinem Gewicht, *kchrzzzz, kchrzzzz, kchrzzz.*

Du hatte Tarnfarben. Ich kniete mich hin und blinzelte durch die Äste. Ich merkte, dass Du nicht hierher gehörte, dass Du kein Feldhase war, sondern ein Kaninchen. Ich hielt Du einen Finger hin, Du war neugierig, rückte vor, bis Du an meiner Nagelkuppe schnuppern konnte, bis ich Dus kleines Gesicht vor mir sah und jedes einzelne Haar darin. Du erlaubte mir, Dus Ohren zu streicheln, dann stellte Du eines auf, ganz vorsichtig.

Der Zaun war lose an dieser Stelle, der Zaun zauderte. Ich hatte mich an den Rand des Primsidiums gewagt. Schilf lag auf der Wiese, kleine Pelzkugeln bis hin zum Ententeich, die schiefen Bretter des Zauns hatten die gleiche Farbe wie das Holz des Hofes.

Der PRIMUS kam aus dem Hof, seine Stimme kickste vor Wut. ER schrie, *Was machst du da, wieso bist du ohne Aufsicht rausgegangen, ohne Bescheid –*

Ich griff schnell nach Du (nun hatte ich Du doch erschreckt), spürte sein Strampeln. Ich sagte, *Ich komme nur, wenn ich den Hasen mitnehmen darf,* und meine Stimme klang dabei mutig wie noch nie.

## ZÄHLEN

Die Schwester erkundigt sich bei der Doktorin, wie sie mit meiner Ablehnung des Onkels umgehen solle. Als mich die Doktorin daraufhin befragt, bin ich außerstande, Worte zu finden, die IHM gerecht werden, ich bin sogar außerstande, den Pflegern und Schwestern zu sagen, dass ich keine Besuche wünsche, denn ich fürchte, dass der PRIMUS durch die Ritzen der Mauern kriechen wird (wie damals), meine Gedanken infiltriert; lieber schweige ich, ertrage SEINE Anwesenheit einmal pro Woche, versuche, auf Durchzug zu schalten und meinen Kopf zu versiegeln.

Ich kann der Doktorin nicht sagen, dass es sich bei dem Onkel um den PRIMUS handelt. Sie ist dennoch misstrauisch geworden, sie sagt, *Wer ist dieser Mann, Mona, erzählen Sie mir, warum Sie so besorgt sind. Hat er mit der PRIMKRU zu tun?*

Ich sage nichts (so wie damals vor der Richterin, die mich zu den Vorfällen in Bezug auf das Mädchen befragte). Niemand weiß, wie sich Angst anfühlt, wozu der PRIMUS imstande ist, ER kann die Gedanken der Menschen lesen, es gibt kein Entrinnen.

Die Doktorin möchte es heute mit Hypnose versuchen
möchte ergründen wie die Fäden in meinem
Kopf zusammenlaufen sie sagt *Mona*
*legen Sie sich entspannt hin* doch
ich finde keine gute Position
die linke Hand beginnt
zu kribbeln dann
spüre ich einen
Juckreiz an
der Hüfte
Die
Doktorin sagt, wenn Gedanken kommen,
soll ich sie weiterziehen lassen wie Wolken.
Dann zählt sie von zehn abwärts: *10, 9, 8, 7* etc. pp.

**Paul**

sagt, dass er ein Loch gefunden hat (in der Küche).
sagt, dass wir verschwinden werden (wir zwei).
sagt, dass wir aufpassen müssen (in der Nacht).
sagt, dass er zu mir hält.

Und Paul

sagt, dass er Beweise gesammelt hat (gegen die PRIMKRU).
sagt, dass es noch mehr gibt (auf der Welt).
sagt, dass er Kontakt zur Tante aufgenommen hat.
sagt, dass Helga uns heraushelfen wird.
sagt, dass sie auf uns warten (die Verwandten).

Und Paul

sagt, dass wir gehen müssen (bevor es zu spät ist).

**Eingrenzung**
Die Grenze des Primsidiums verlief entlang eines Baches, nur eine Brücke führte auf die andere Seite, nach draußen. In trockenen Zeiten war der Bach schmal und seicht, da wäre es ein Leichtes gewesen, ans andere Ufer zu gelangen, doch die Borden hielten Wache. Es war verboten, den Bach zu überqueren, der bloße Versuch wurde mit einer Woche Arrest bestraft, da blieb einem nichts anderes, als sich mit Fledermäusen und Monologen in der Dunkelheit zu beschäftigen. Der Arrest befand sich unter einer verstaubten Gaube am Dachboden, die Fenster waren von außen zugeklebt.

## DEMARKIERUNG DER MAUERN

Hinter den Mauern geht der Sinn verloren. Hier verschieben sich die Grenzen dessen, was sein kann, vieles ist möglich, und es gibt keine Instanz, die mit dem Zeigefinger auf meine Hoffnungen deutet und mir sagt, dass sie nicht realistisch sind. Hinter jedem Raum wartet ein neues, in sich geschlossenes System, jede Insassin hat spezifische Vorstellungen von der Welt und setzt sie um im Sinne der eigenen Gesetze, auch ich mache das.

Und das Pflegepersonal? Es folgt ebenfalls seinen Gesetzmäßigkeiten, gleitet von Grenze zu Grenze, verweilt nur kurz in den Räumen, die Schwestern und Pfleger sind Bindeglied und Klebstoff, der alles zusammenhält.

Der PRIMUS kommt einmal pro Woche, um mich zu besuchen. Ich würde vieles darum geben, könnte ich diese Besuche verhindern, doch noch immer bin ich unfähig, etwas zu sagen, ich fürchte, dass mir niemand glauben würde, wie damals in der PRIMKRU, wo mir auch niemand glaubte. Ich denke, sie hielten mich für verrückt und paranoid; wer würde für wahr halten, was eine Insassin im Irrenhaus sagt? Ich bin sogar unsicher, ob ich mich der Doktorin anvertrauen könnte, denn sie würde darauf bestehen, mit IHM zu sprechen, IHN kennenzulernen, würde IHM wohl genauso verfallen wie die anderen und mich ausliefern.

Nur wenn Schwester Angelika Dienst hat, sind diese Besuche erträglich. Sie hat als Einzige eine Abneigung gegen IHN, ist IHM nicht so wohlgesinnt wie die anderen, die ER einfängt wie der Rattenfänger von Hameln. Schwester Angelika kürzt die Besuche regelmäßig ab, ich ahne, dass sie versteht, wie es mir geht.

**weißt du**
immer wieder dringst du in meine neue Heimat ein obwohl
ich alle Windräder der Welt gegen dich aufwiegeln möchte
und dir die Größe der Stadt befremdlich erscheint doch
wohin der Wind meine Worte trägt ist nicht kontrollierbar
in dieser Zeit

*Weißt du,* ich breite eine Schneedecke des Vergessens über die Erinnerung, wenn ich mir vorstelle, zurück zum Hof zu kehren, wo ich wieder die Alte sein würde; du würdest mit ausgebreiteten Armen Empfangskomitee spielen, obwohl wir beide wissen, dass du selbst heute noch die Fäden ziehst, die mich marionettenhaft tanzen lassen, und

*weißt du,* ich drehe mich schon längst nicht mehr um dich, obwohl du weiter deine Kreise in mir ziehst; diesem Echo kann ich nicht entrinnen, ertappe mich dabei, mich nach dir umzusehen, obwohl du nicht hierher gehörst; du bist mit dem Hof verwurzelt, doch auch in meinem neuen Leben, an diesem Ort, bleibt die Idee von dir, über die ich täglich meine Decke breite.

*Und weißt du,* wir schleifen Gedanken an Wassermühlen, und Sorgen wetzen wir wie stumpfe Messer. Dringst du an jedem siebenten Tag hier ein, bin ich unsicher, wie ich mich verhalten soll, welche Sätze angemessen sind und welche verboten, wie ich unsichtbar werden könnte für dich, damit du endlich von mir ablässt.

Wo ich anfange, wo ich ende, habe ich längst vergessen. Drüber hast du vor langer Zeit eine Decke gebreitet.

## FENSTERFRONT

Die Mauern verfügen über einen Gruppenraum im Dachgeschoss, dort finden die Besuche statt. Wenn der PRIMUS hier ist, sind wir nie allein, eine Schwester oder ein Pfleger begleitet uns.

Die kleine Nordmanntanne, die an der Fensterfront steht, hat eine ungesunde Farbe angenommen, gelb mit Grünstich. Mein Blick wandert von der Tanne zu einem Fenster und wieder zurück. Der PRIMUS spricht auf mich ein, doch wenn ich IHM zuhöre, krampft sich alles in mir zusammen, also höre ich nicht zu, schalte auf Durchzug, so gut es geht. Ich darf die Mauern nicht verlassen, das bedeutet, dass mich der PRIMUS nicht zwingen kann, mit IHM zu gehen, das sollte mich beruhigen. SEINE Anwesenheit macht mir trotzdem Angst, vielleicht, weil die neue Schwester IHM so begeistert lauscht, vielleicht, weil ich nie sicher sein kann, dass sich die Menschen dem Einfluss des PRIMUS entziehen können.

Um SEINEN Singsang ignorieren zu können, nummeriere ich in Gedanken die Fenster der Klinik, die sich gegenüber den Mauern befindet. Ich zähle dreihundertfünfzehn Fenster, dreihundertfünfzehn Blicke nach draußen, doppel- oder einflügelig. Die Farbe des Gebäudes ist so grau wie der Himmel, man muss genau hinsehen, um die Umrisse zu erkennen, beinahe verschwimmt es mit dem Hintergrund.

Der Wind winkt mir mit einem Seidentuch zu, das sich im Geäst eines riesigen Baumes vor der Klinik verfangen hat, und ich hebe meine Hand ebenfalls zum Gruß, was den PRIMUS irritiert. ER dreht sich um, ich sage, *Ich hatte einen Krampf.*

Als der PRIMUS kurz darauf Du erwähnt, steigt Zorn in mir auf, so mächtig, dass ich die Kontrolle verliere; plötzlich ist mir alles egal, es ist egal, ob ER mich mit sich fortnimmt, es ist egal, ob ER die Gedanken der Menschen hier verseucht und infiltriert; ich habe nichts mehr zu verlieren, ich stehe auf, greife nach dem Stuhl, möchte auf den PRIMUS einschlagen, da werde ich von hinten am Arm gepackt, fixiert, ich schreie, *Verschwinde hier, ich will dich nie wieder sehen,* die Schwester und der Pfleger bringen mich in mein Zimmer, mit dem Einstich der Nadel verschwimmt alles, wird sanft, wird weich, ich habe die Verbindung zu meinen Gliedern verlor …

**Verstecken spielen**

*Ich und Du spielten Verstecken.*
*Ich versteckte mich und Du suchte,*
*manchmal drehten wir das Spiel um,*
*Du war oft stundenlang nicht zu finden.*

Meist versteckte sich Du, wenn der PRIMUS mit Mona allein war, wenn sie ihrer Aufgabe als Novizin nachkommen sollte.

Du wusste, dass Du aufpassen musste, damit Du nicht das Fell über die Ohren gezogen wurde, deshalb machte Du sich unsichtbar. Dus Verstecke waren allesamt subtil, manchmal lag Du zwischen den Kissen, und wäre da nicht der Fleck zwischen Dus Schulterblättern gewesen, hätte man Du vermutlich entdeckt, doch der Fleck war so hypnotisch, dass sich der Hase nahtlos in jeden Raum einfügte. Du konnte jeder Hintergrund der Welt sein. (Auch wenn die Glucken Monas Zimmer betraten, verschwand Du ratzfatz.)

Du war aber auch Komplize: Wenn Mona im Bett lag, schnupperte Du an ihrem Ohrläppchen, das Schnuppern wiegte sie beide in den Schlaf. Dus Anwesenheit hatte etwas Tröstliches, diese pelzige Kugel, die flauschigen Ohren ließen alles weich und ruhig werden.

Mona brachte Du täglich Salat und Karotten, ihre Lieblingsglucke legte Naschereien bereit. Mona fand immer ein kleines Paket mit Futter für Du in der Küche. *Aber lass dich nicht erwischen,* sagte die Glucke, *sonst kann ich dir auch nicht mehr helfen.*

*Ich und Du spielten Verstecken,*
*Du versteckte sich an einem Tag,*
*an dem ich nicht hier war;*
*und ich konnte Du von da an*
*nie wieder finden.*

**Der sich neigende Ulmwald**

Die Mühle war ein verzauberter Ort, im Erdgeschoss roch es feucht und nach Moder, da waren eine provisorische Küche, ein Gasherd, kein Strom, nur Kerzen. Vom Primsidium aus war sie nicht zu sehen, sie stand inmitten des Waldes, spielte Verstecken mit den Blättern und Sträuchern (an manchen Sommertagen war sie im Geäst kaum auszumachen). Hier hatte es früher viele Ulmen gegeben, doch daran erinnert sich heute niemand mehr.

Mona hatte die Mühle einmal mit Paul betreten, doch diese Geschichte taugt nicht zur Gutenachtgeschichte, denn nach dem Intermezzo verschwand Paul für immer. Der Plan hatte ihnen viel Zeit abverlangt, Beobachtung und Strategie waren nötig gewesen. Während des Schichtwechsels der Borden schlüpften Mona und Paul durch eine undichte Stelle im Zaun, überquerten einen seichten Teil des Flusses, liefen in der Dämmerung den Weg zur Mühle und versuchten, keine Spuren zu hinterlassen. Nach wenigen Stunden würde die Tante kommen und sie abholen.

*Unser kleiner Aufsässiger,* hatten die Glucken Paul immer genannt (und ihn dabei mit den Fingern in die Wange gekniffen). Kaum ein Kind verbrachte so viel Zeit im Arrest wie Paul (dort hatte er Gelegenheit, sich über weitere Aufsässigkeiten Gedanken zu machen), doch es war kein Wunder, denn Paul war erst als Fünfjähriger in die PRIMKRU gekommen und die *negative Infiltration von außen* nistete in seinem Kopf, sie war ihm nicht auszutreiben, wie die Glucken klagten.

In der Mühle mussten sich Paul und Mona still und unauffällig verhalten, und nur bei dreimaligem Klopfen und zweimaligem Kratzen an der Tür wollten sie öffnen, das war der vereinbarte Code; Paul sagte, *Mona, falls irgendetwas passiert – versuche, dorthin zu gelangen, das ist die Adresse meiner Tante Helga.*

Im ersten Stock der Mühle war es so schummrig, dass Mona nur Schemen ausmachen konnte, ein kleines Fenster am Ende des Raums lenkte den Blick auf den Wald, die umliegenden Bäume; Mona entdeckte acht Betten, vier an jeder Seite, an die Wände geschoben. Das Gewölbe war so niedrig, dass ihr Kopf fast an die Decke stieß, und die Steinmauern strahlten Feuchtigkeit aus.

Paul hatte sie nach oben geschickt, um ein wenig zu schlafen, er wollte die erste Wachschicht übernehmen. Mona sah ein Eichhörnchen auf einem der Betten sitzen und bewegte sich, so leise wie möglich, darauf zu. Als sie ihre Hand nach dem Tier ausstreckte, hörte sie einen Aufschrei von unten und ein lautes Rumpeln (das Eichhörnchen floh aus dem eingeschlagenen Fenster); in erster Reaktion erstarrte sie, in zweiter Reaktion war sie versucht, nach unten zu laufen und nachzusehen, ob mit Paul alles in Ordnung war, doch sie hörte, dass er *Ich bin alleine hier, niemand hat mir geholfen* rief, also wusste sie, dass sie verborgen bleiben sollte. Sie hörte Männerstimmen, hörte ein Gefecht, hörte Schnaufen, dann versteckte sie sich unter dem Bett in der dunkelsten Ecke. Sie wusste nicht, ob sie mehr Angst vor den

Menschen unten haben sollte oder vor den Spinnweben, der Dunkelheit und dem Moder; zwei leuchtende Punkte sahen sie aus nächster Nähe an. Mona versuchte, ruhig zu bleiben, doch konnte schließlich nicht anders, sie kreischte los, das Kreischen brach aus ihr heraus, bis die Punkte verschwanden, sie schälte sich aus der Dunkelheit und lief die Stufen hinunter, direkt in die Arme eines Borden der PRIMKRU, der sie fesseln wollte, doch da sie sich an ihn klammerte, dieses zittrige Bündel, sackten seine Arme mit der Waffe und dem Seil hinab wie zerkochtes Gemüse; irgendwann umarmte er sie in seiner Verwirrung. Mona rief nach Paul, immer wieder rief sie seinen Namen, sie schrie, *Was habt ihr mit Paul gemacht, wo ist Paul,* doch er war schon fort. Es sollte das letzte Mal gewesen sein, dass sie ihn gesehen hatte.

Wann immer sie später nach ihm fragte, musste sie drei Tage im Arrest verbringen, Antworten bekam sie nie. So hörte sie irgendwann damit auf und lernte, dass Menschen von Zeit zu Zeit verschwinden.

Eins, zwei,
drei, vier, fünf, sechs,
sieben, eine braune Frau kocht Rüben,
eine braune Frau kocht Speck,
und Paul ist weg!

## SPINNENNETZ

An manchen Tagen werfe ich der Doktorin die ganze Welt vor die Füße. Seit der letzten Hypnosesitzung sind die Schleusen geöffnet, ein Wasserfall. Es gibt Dinge, die ich nicht weiter vor ihr verbergen kann. Die Doktorin sagt, *Sie können mir vertrauen, ich merke doch, dass Sie etwas bedrückt. Hat es mit dem Mann zu tun, der Sie ständig besucht? Erzählen Sie mir von ihm – ich werde Ihnen nicht helfen können, wenn Sie sich mir nicht anvertrauen, Mona.*

Sie sagt auch, *Wir können ihm verbieten, hierher zu kommen, wenn es einen Grund gibt – wenn sich Ihr Zustand durch die Besuche verschlechtert.*

Sie lockt mich, es ist verlockend, endlich das Schweigen zu brechen, ich fasse Mut und sage, *Schwören Sie mir, dass Sie mir glauben, können Sie mir versprechen, dass ER die Mauern nie wieder betreten darf?* Die Doktorin nickt, ich sage, *Es ist grauenvoll, wenn ER mich hier aufsucht. ER ist die PRIMKRU, und ich fürchte, dass ER mich zurückholen könnte.*

*Ihnen kann nichts geschehen, Mona,* sagt die Doktorin, *Niemand kann Sie hier herausholen. Selbst, wenn Sie es wollten – Sie wissen doch, dass Sie bleiben müssen.*

*Der PRIMUS hat die Schwestern fest im Griff,* sage ich, *ich weiß, dass er sie bald überzeugt haben wird, ER lullt alle ein, die SEINEN Weg betreten. Ich fürchte, dass ER auch Sie einlullen könnte.*

Ich kann nichts gegen das Hochsteigen der Tränen tun, sie fließen wie ein Strom aus mir heraus, die Doktorin reicht mir ein Taschentuch, dann noch eines. *Mona, welche Gefühle kommen hoch, wenn Sie an den PRIMUS denken?*

Die Anzeichen einer Panikattacke erkenne ich mittlerweile: Es beginnt mit schwitzenden Händen, die Wirbelsäule kribbelt, als wäre sie entflammbar, und dann geht alles ganz schnell. Je weiter sich das Brennen nach oben bewegt, desto weniger kann ich sagen, *Mona, ist alles in Ordnung, bleiben Sie bei mir,* sagt die Doktorin, ich höre ihre Worte wie durch Watte, *Mona, Mona,* was die Doktorin sagt, hat keine Relevanz mehr, ich erinnere mich: Bei Panik soll ich atmen, atmen; länger aus- als einatmen, doch ich spüre nur noch ein großes Zittern und die Feuchtigkeit auf meiner Wange, plötzlich viele Hände, die mich an den Oberarmen packen, ich schreie um mein Leben, alles wird schwarz, ich –

**Schattenfleck**
Nach dem ersten Fluchtversuch mit Paul hatte Mona nichts mehr zu sagen in der Gemeinschaft, da war sie nur noch ein Ölfleck, gemieden, geduldet. Der PRIMUS holte sie für ein Gespräch zu sich, redete auf sie ein, erklärte ihr, wie wichtig sie für IHN sei und dass sie IHN nicht verlassen dürfe. Von diesem Zeitpunkt an war sie zwangsläufig SEIN Schatten, SEIN Gespenst.

## WELLENREITEN

Der PRIMUS darf mich nun nicht mehr besuchen, sie sind auf meiner Seite, ich fühle mich etwas sicherer. Die Erinnerung kommt hoch in Wellen, flutet die Grenzen, ich sehe klarer, doch ich erinnere mich noch immer nicht an alles.

Einmal fragt mich die Doktorin nach einer Zahl, sie sagt, *Mona, können Sie festmachen, wie oft sie missbraucht wurden von diesem Mann,* und ich bin außerstande, das zu beziffern, also sage ich etwas Beliebiges, ich sage, *679 Mal.*

*Wie haben die Glucken auf die Situation reagiert, konnten Sie sich denen anvertrauen?*

Ich sage, *Einmal habe ich es versucht, und die Glucke meinte, dass ich das alles vergessen solle. Vergessen habe ich viel, ich kann mich zum Beispiel nicht an die erste Vereinigung mit dem PRIMUS erinnern, nur an das Davor und das Danach. Ich weiß noch von den Vorbereitungen, ich saß auf SEINEM Bett, die Tür war verschlossen, und der PRIMUS erklärte mir den Ablauf, während ER Feuer in seinem kleinen Kamin machte. ER hob ein Holzscheit hoch und meinte: »Schau, damit würde es auch gehen, wenn du mich nicht willst.« Das war eine der grauenvollsten Drohungen überhaupt.*

*Konnten Sie sich wehren?*

*Ich war selbst schuld. Ich habe nie Nein gesagt, vielleicht hätte er aufgehört, hätte ich mich gewehrt; doch ich habe mich nicht getraut, hatte Angst davor, dass ER mir mit dem Holzscheit zu Leibe rücken würde, dass dann noch andere kämen.*

*Ich schämte mich so, dass ich den PRIMUS dazu brachte, diese Dinge mit mir zu tun, ER sagte immer, ich sei kokett, ich fordere SEINE Lust heraus. Doch ich hatte viele Träume, Träume von Rache. Ich habe von Messern geträumt und davon, wie ich dem PRIMUS eines nach dem anderen hineinramme, Messer, Messer, Messer, Stich, Stich, Stich. Doch ich habe IHM nie etwas getan, nur mir selbst manchmal Schnitte zugefügt, dann habe ich mir vorgestellt, es wäre das Blut des PRIMUS.*

*Richtig gewehrt habe ich mich erst, als ER drohte, Paul zu quälen, ich habe IHM gesagt, dass ER Paul in Ruhe lassen müsse, sonst würde ich allen erzählen, was ER mit mir mache hinter verschlossenen Türen, ich schlug mit den Fäusten auf IHN ein, dann packte ER mich, ER war viel stärker; doch Paul zu quälen, damit hörte er auf.*

**Der fehlende Glaube**

Es war ein normaler Morgen, es war eine normale Nacht gewesen, doch Mona erwachte lange vor dem Gluckenruf. Der Vorfall bei der Mühle war bereits etliche Wochen her. Die Geräusche des Raums wurden unerträglicher, je länger Mona dalag und Schemen in der Finsternis zu erkennen versuchte. Sie bildete sich ein Kratzen an der Tür und ein Flüstern ein, vermutete Schnarchen und Husten, hörte ein Zischen in den Ohren, die Laute krochen durch den Körper. Sie stieg aus ihrem Bett und wollte nachsehen, ob die Tür verschlossen war.

Es war eine normale Nacht gewesen, es war ein normaler Morgen, doch etwas Außergewöhnliches zeichnete sich ab, das bemerkte Mona am Flirren der Luft (und es war ganz egal, ob das Flirren nun eingebildet war oder real). Als Mona nach der Türklinke griff und sie nach unten drückte, bemerkte sie, dass die Glucken zum ersten Mal in so vielen Jahren auf das Absperren vergessen hatten.

Es war ein normaler Morgen an einem normalen Tag, doch Mona setzte einen Fuß an die frische Luft –

und die Luft trug … (sie trug!)

Mona wusste: Wenn sie von hier verschwinden wollte, musste sie handeln, sofort, durfte keine Zeit mit Zögern verlieren. Sie hatte seit Pauls Verschwinden auf diesen Moment gewartet, die Notiz mit der Adresse der Tante trug sie bei sich; sie lief den Flur entlang; lief am Zimmer der Kinder vorbei und am Waschraum, passierte den Speisesaal, Mona lief in die Küche (hier war sie vorsichtig, denn die Mahlzeiten für das Frühstück wurden früh zubereitet). Niemand war zu sehen, sie schlüpfte durch ein Loch im Vorratsraum, das nach draußen führte – sie hatte es vor geraumer Zeit zufällig entdeckt. So gelangte Mona unbemerkt nach draußen; direkt in den Kräutergarten, der sichtgeschützt und unbewacht war, hier trieb man sich erst an den Vormittagen herum. Mona landete in einem Brombeerstrauch, der direkt vor dem Loch in der Erde steckte; seine Äste hinterließen Wunden auf ihren Waden und

Armen – feine Linien, aus denen sofort Blut trat, doch sie war so aufgeregt, dass sie keinen Schmerz spürte.

Es war ein normaler Morgen, es war ein normaler Sonnenaufgang, und Mona lief vorsichtig, sie schlich an den Borden vorbei zu der unbewachten Stelle am Grenzfluss, die Steine waren rutschig und der Fluss unberechenbar, weil es viel geregnet hatte in letzter Zeit, doch sie hatte ihn mit Paul zu überqueren gewagt, sie würde es auch allein schaffen. Auf der anderen Seite fühlte sie sich etwas orientierungslos, zur Mühle konnte sie nicht fliehen, die Mühle würde der erste Ort sein, an dem man sie suchte, also lief sie in die andere Richtung, so lange, bis sie feststellte, dass sie im Kreis gerannt war. Als sie nicht mehr laufen konnte, sah sie von einem Hügel aus erneut das Anwesen der PRIMKRU vor sich. Es wirkte, als gäbe es kein Entrinnen, langsam kletterte die Sonne höher. Sie war kurz davor zu verzweifeln, doch geschlagen wollte sie sich nicht geben. Also kehrte sie um und lief in den Wald, um zumindest in Deckung gehen zu können oder auf einen Baum zu klettern, falls man nach ihr suchte.

**Der richtige Abstand**

Auch in den nächsten Tagen gelang es ihr nicht, den Weg aus dem Wald zu finden. Nach mehreren Wiederholungsschleifen begann Mona, Markierungen zu setzen. Für den Abend sammelte sie Moos und formte es zu einem Kissen. Den richtigen Abstand zur Angst zu finden, die richtige Distanz zu ihr zu wahren, war kein leichtes Unterfangen; wenn man sie spürte, hatte sie einen zumeist schon am Genick gepackt.

Mona war gelaufen und gelaufen, hatte die Mühle passiert und den Waldsee. Sie war über eine hügelige Landschaft geflohen, bergauf, bergab, auf der Suche nach der Bahn, die sie in die Stadt bringen würde, in die Stadt zu Pauls Tante.

Nach einigen Sonnenaufgängen lernte Mona den Wald besser kennen, sie wusste, wo sie sich verbergen konnte, und irgendwann kam sie zu einer Siedlung. Die bunten Häuschen standen stramm da, ihre Bewohnerinnen wie kleine Striche auf vielen Balkonen, und als Mona sie fragte, wo sie den Zug finden konnte, den Zug in die Stadt, wiesen sie ihr den Weg, bis sie zu einem kleinen Haus kam, das den Namen *Bahnhof* trug.

Der Zug kroch schlangengleich heran; es war beachtlich, wie viele Bänke und Tische hier durch die Gegend gefahren wurden. Ein Haus auf Rädern, dachte Mona, wie praktisch wäre es, solch ein Haus zu besitzen.

Die Bahnfahrt war monoton, irgendwann war Mona von dem Ruckeln und Rattern eingeschlafen. Sie erwachte von einer Berührung an der Schulter und einer Stimme, die sie aufforderte, eine Fahrkarte vorzuweisen. Sie hatte keine, konnte sich nicht ausweisen, wirkte so verwirrt, dass der Mann darauf verzichtete, das Mädchen anzuzeigen. Doch er zwang sie, bei der nächsten Station auszusteigen.

Mona folgte einer Straße, die parallel zu den Gleisen verlief, bis es dunkel wurde. Die Richtung musste stimmen, wenn der Zug in die Stadt führte.

**Die Gedichte**

Die Winkel verlassener Bahnhöfe haben große Wirkung auf mich. Ich denke an mein Buch mit den abgegriffenen Seiten, an die trödelnde Einsamkeit zwischen den Zeilen.

Wenn der Nordost weht, ziehen die Schiffe schnell vorüber.

Die Winkel verlassener Räume laden ein zum Rasten, zum Verweilen, sie haben diese Anziehungskraft, wie sie sonst nur Geheimnisse versprühen.

Nicht ist es gut, seellos von sterblichen Gedanken zu sein.

Verschlossene Gedanken schweben wie die Spiegelung zweier Monde auf dem Wasser, und ich ertränke sie in ihrer Schwerelosigkeit.

Ich trage sie zutage
die Welt von Wahn und Distanz
und dann bitte ich die Zeit
um ein bisschen Gnade.

## SEGELLOS

Graue Gedanken suchen mich heim, gestürztes Gefieder, Vögel fallen vom Himmel, Getier auf allen Straßen und ich mittendrin; Verstummen macht einsam. Ich strecke die Finger aus, um Verbindung zu fühlen, doch meine Finger ragen ins Leere.

Die Doktorin sagt, *Gab es in Ihrem Leben Menschen, denen Sie vertrauen konnten,* ich sage, *Es gab zwei, Paul und den Bären, doch Paul verschwand vor unserer Flucht. Ich habe ihn nie wieder gesehen. Auch der Bär ließ mich fallen nach einiger Zeit, ich glaube, es reicht nicht, ich genüge nicht. Am Ende tauge ich nur dazu, verlassen zu werden.*

**Der Bär**

Seine Schneidezähne waren schief wie überschlagene Beine, die Haare trug er etwas länger, immer zurückfrisiert, sie hatten die Farbe einer rostigen Scheibtruhe, das Gel machte sie dunkler. In der Sonne leuchteten sie rot.

Meist sah man ihn mit einer Zigarette, die wie ein Ast, dessen Gewicht nach unten zog, in seinem Mundwinkel hing. Sommersprossen hatte er nicht nur im Gesicht, auch auf den Schultern, Knien und Ellenbogen – ein Sternenhimmel, unschlüssig, welche Bilder er zeigen wollte.

Seine Leidenschaft galt Bonsais, er studierte ihre Eigenarten; in seinem Büro hatte er drei davon, und an Tagen, die ruhig verliefen, pflegte er sie (aus diesem Grund lag immer das entsprechende Werkzeug in seiner Schreibtischlade).

Dazu benötigte er:

- 1 lange, schmale Zweigschere
- 1 Blattschneider
- 1 Konkavzange mit geraden Schneiden
- 1 Knospenzange
- 1 Okuliermesser mit Holzscheide
- 1 kleine Wurzelkralle
- 1 Jin-/Drahtbiegezange
- 1 kleine gewinkelte Jin-/Drahtbiegezange

An den Töpfen der Bonsais, die er selbst aus Wurzelholz anfertigte, war das Datum der Aufnahme in die Zucht vermerkt, außerdem der Name der Pflanze (jener Name, den er ihr gegeben hatte, inklusive der Bezeichnung ihrer Art). Er hatte diese Daten ins Holz gebrannt.

Im Büro standen dergestalt:

***Alessia***
*Lonicera nitida/pileata*
*12. 05.*

***Paris***
*Serissa foetida/Junischnee*
*20. 02.*

## *Franz-Xaver*

*Carmona retusa/Fukientee*

*01. 09.*

Franz-Xaver fiel etwas aus der Reihe, der Bär hatte ihn von seiner Frau Hannah zum Hochzeitstag bekommen, sie hatte sich ausbedungen, den Namen für die Pflanze zu bestimmen.

Für die Pflege der Bonsais nahm er sich Zeit, da legte er angemessene Musik auf, zumeist »Twinkling Star« von Clark Ingram, manchmal auch Klassisches, dann am liebsten Debussys »Clair de Lune«, und manchmal, wenn er besonders ausgelassener Stimmung war, das Themenstück aus *Peter und der Wolf*. Beim Beschneiden wippten seine Stirnfransen im Takt (an Tagen, an denen er ausgelassen war, verwendete er kein Haargel).

Nur selten störte ihn eine Arbeitskollegin oder ein Kollege, sie gingen selbst ihren Beschäftigungen nach: nahmen Schadensfälle auf, schrieben Polizzen, tranken Kaffee, bestellten Kleidung aus Katalogen, bestellen Sonstiges aus dem Internet, lasen Fakten über die Bauweise kleiner Boote und die möglichen Krankheiten ihres Mopses.

Auf dem Schreibtisch hatte er ein Bild von seiner Familie und eines von jedem Bonsai der Zucht stehen. An besonders grauen Montagmorgen sah er so lange auf die Bilder, bis sie leicht verschwammen, bevor er den PC hochfuhr. An besonders grauen

Montagmorgen waren seine Haare mit *Ultra-fester-Halt*-Gel befestigt.

**Die Fahrt**

Aus dem Radio tönten die ersten Takte eines Songs, den Anton Grubner mitsang, er sang *when I wake up / in the morning light / I put on my jeans and it's alright* (er störte sich nicht daran, immer falsche Texte mitzusingen, er sang nach Gehör, er fuhr auch nach Gehör Auto, weshalb der Wagen viele Kratzer und Dellen hatte (doch auch daran störte er sich nicht)). Anton war kein geübter Autofahrer, üblicherweise war er mit dem Rad unterwegs, wie alle aus der *Oase Autonome Nachbarschaft*. Das Auto war Gemeinschaftseigentum und konnte ausgeliehen werden. Er hatte Besorgungen gemacht, die weder mit dem Zug noch mit dem Rad hätten transportiert werden können, der Kofferraum war voll beladen.

Es war einer dieser Abende, die einen ganz still machten, in denen man etwas Frieden verspürte; die Sonne stand schon tief und blendete ihn, was wohl der Grund gewesen sein mochte, dass er die Gestalt, die am Straßenrand lief, zunächst übersah.

Die Person sprang unmittelbar, bevor das Auto sie erfassen konnte, einen kleinen Hang hinab und überschlug sich. Anton Grubner brauchte einige Sekunden, um die Situation zu begreifen, doch dann verhielt er sich wie ein vorbildlicher Verkehrsteilnehmer und bremste. Er stieg aus und suchte ein Warndreieck, seine Finger zitterten dabei so stark, dass er den Reißverschluss der Tasche erst nach mehrmaligen Versuchen zu öffnen imstande war; er fürchtete den Moment, in dem er die Gestalt – in welchem Zustand auch immer – finden würde, gleichzeitig war er rastlos und wusste: In solchen Situationen entscheiden Sekunden über Leben oder Tod. Er musste sich also zusammenreißen.

Als er zu der Stelle kam, an der er die Person vermutete, konnte er niemanden sehen, also rief er, *Hallo, Hallo, sind Sie verletzt?* Neben der Straße verlief ein Abhang, Anton kletterte hinab, dabei schmerzte seine linke Kniescheibe, er fluchte, rief abermals, schließlich fand er ein mageres, neben einer Hecke kauerndes Mädchen, verdreckt, ihr Gesicht war kaum zu erkennen. Als sie ihn sah, wirkte ihr Gesicht unangenehm überrascht, fast ängstlich, er sagte, *Es tut mir so leid, ich habe dich nicht gesehen,* er sagte auch, *Bist du verletzt?* Sie antwortete, *Bitte lass mich, bitte, geh,* und wimmerte, also entfernte er sich ein paar Schritte, kratzte sich am Oberarm und überlegte. Er wusste, dass Opfer immer untersucht werden müssen, weil sie aufgrund des ausgeschütteten Adrenalins direkt nach einem Unfall keine Schmerzen spüren, und dass man ihnen fast nie Glauben schenken durfte, wenn sie behaupteten, es gehe ihnen gut.

Anton Grubner sagte deshalb nach einem Moment des Nachdenkens mehr zu sich als zu dem Mädchen, *Ich werde die Rettung rufen.*

*Ich kann selbst aufstehen,* erwiderte das Mädchen und bewegte sich, setzte sich langsam auf, schwankte beim Aufstehen, sagte, *Ich glaube, es geht schon.*

Er sagte, *Soll ich dich mitnehmen? Wohin musst du?*

Das Mädchen zögerte. Er trippelte auf der Stelle, es war kühl geworden, er sagte, *Soll ich nicht doch die Rettung rufen?*

Da zog sie einen vollgekritzelten Zettel mit einer Adresse und dem Namen Helga Krenner aus der Hosentasche. *Weißt du, wo das ist? Ich musste den Zug verlassen, deshalb bin ich zu Fuß weitergelaufen*, sagte das Mädchen, *Ich bin schon lange unterwegs.*

Er stützte sie, gemeinsam kletterten sie den Abhang hoch, das Mädchen schien tatsächlich nicht verletzt, es wirkte nur geschwächt. Er sagte, *Ich kann dich in die Stadt mitnehmen.*

**Heimkommen**

Im ersten Moment nach dem Erwachen wusste Mona nicht, wo sie sich befand, sie tastete ihren Körper ab, ließ die Finger über den Stoff der Decke gleiten, er war weich, kalt, glatt. Sie erinnerte sich daran, wie sie hierhergekommen war – dass ein Mann sie gestern Abend fast angefahren und dann mit nach Hause genommen hatte; dass es zu spät gewesen war, um die Tante zu suchen. Sie erinnerte sich auch daran, dass der Mann übersät war von Haaren wie ein Stoff-Teddybär – ein flauschiger, rostroter Bart, volles Kopfhaar; Haare an den Unterarmen, selbst aus dem Ausschnitt seines Shirts quollen sie heraus.

Der Morgen in der *Oase Autonome Nachbarschaft* war eigenartig still, nur vereinzelte Vogelstimmen waren zu hören. Das Haus des Bären lag neben einem Waldstreifen, inmitten einer homogenen Siedlung, es war ein Dorf in der Stadt. Das Licht brach an einigen Stellen.

Mona schlief in einem ebenerdigen Raum, dessen Außenfront verglast war; gegenüber des riesenhaften Fensters stand ein Bett. Weil alles hier weit war, fühlte sie sich wie in einem Traum.

Ihr Blick glitt über das Areal, das im Morgenlicht komplett anders aussah als am Tag zuvor. Die runden Gebäude waren durch Brücken verbunden und holzvertäfelt, die Bretter changierten von Grau zu Braun, abhängig von Wetterseite und Überdachung; so bildete die Siedlung ein Mosaik aus vielen Farben und Geschichten. Die Wohneinheit des Bären lag auf einem Hügel mit guter Aussicht auf die Jahreszeiten.

Mona schlief im Zimmer der Tochter, die etwa in ihrem Alter sein musste. Der Bär meinte, Natascha sei noch für zwei Monate mit einem Austauschprogramm in Frankreich. Über das Bett war eine Frankreich-Flagge gespannt, an der Wand hingen Bilderrahmen mit Fotos eines Mädchens, das lange, rotbraune Haare hatte; auf einem lief sie Hand in Hand mit zwei anderen einen Steg entlang; auf einem weiteren sah man sie im Profil, die Nüstern eines Pferdes küssend. Auf dem Kopf trug sie eine bunte Wollmütze. Dann: sie als Kind mit dem Bären beim Schneemannbauen. In der Mitte hing ein Poster, schwarz gerahmt, mit einem Mosaik aus olivgrünen, hellblauen, türkisen und roten Punkten. Darunter stand in bunten Lettern das Wort *TREES*.

Der Bär klopfte an die Tür, rief zum Frühstück, das bereits auf dem Tisch stand. Er sagte, *Das Bad ist frei, falls du dich zuvor waschen möchtest.*

Ein derartiges Badezimmer hatte Mona noch nie gesehen. Alles war sauber, neu, luxuriös. Dagegen schienen ihr die Waschzellen in der PRIMKRU vorsintflutlich. Vor dem Zubettgehen hatte sie sich kurz geduscht, doch sie war zu erschöpft gewesen, um Details wahrzunehmen. Nun blickte sie sich um. Überall lagen Seifen in vielen Farben, standen Tiegelchen mit wohlriechenden Inhalten.

Mit feuchten Haaren und in sauberen Kleidern, die ihr der Bär gegeben hatte, trat sie an den großen Tisch in der Küche. Der Bär stellte sie seiner Frau vor, die sie neugierig begutachtete. Mona konnte nicht anders, als den Blick zu senken.

*Setz dich doch,* sagte die Frau. Und dann, zum Bären hin, *Na, schau, ich hab dir doch gesagt, dass ihr Nataschas Jeans passen werden,* dabei klang ihre Stimme hoch und etwas schrill, als hätte man sie durch eine Saftpresse gezwungen. *Ich bin Hannah, wir sind alle per Du hier, aber das weißt du vermutlich schon. Möchtest du Tee oder Kakao? Es gibt selbst gebackenes Roggenvollkornbrot und Porridge, Haferkekse, Obst, und schau, hier sind Gemüsesticks.*

Die Auswahl überforderte Mona, also griff sie nach der erstbesten Kanne, die vor ihrer Tasse stand, *Ah, Kaffee,* sagte die Frau etwas erstaunt.

Mona ließ den Griff augenblicklich los, sagte, *Nein, Kakao, bitte.*

*Wir haben fast alles hier selbst in der SoLaWi hergestellt, natürlich Bio.* Nun lächelte Hannah, und Mona meinte, ein bisschen Stolz in ihrem Gesicht zu erkennen.

*SoLaWi?*

*Ach, entschuldige. Wir führen eine Solidarische Landwirtschaft.*

*Was ist das?*

*Wir bauen Bio-Lebensmittel an, und Menschen können unsere Gemeinschaft mit finanziellen Beiträgen unterstützen. Sie bekommen dafür einmal pro Woche eine BioBox. Hat dir Anton gestern unsere Nutzflächen gezeigt?*

*Nein, es war schon spät.*

Während Mona ein Stück Brot mit Marmelade bestrich, vermutlich auch aus selbst gezogenen Himbeeren und ohne Zucker, schwiegen alle am Tisch. Das Schweigen wuchs bis ins Unerträgliche, man hörte nur Kaugeräusche, ab und zu ein Schlucken. Die Marmelade schmeckte sauer, das Brot trocken; Mona nahm einen Schluck aus der Tasse, dann noch einen, um den Geschmack hinunterzuspülen. Sie legte das Brot zur Seite.

*Und, Mona, woher kommst du,* sagte die Frau des Bären nun ins Schweigen hinein, *Ich bin auf dem Weg zur Tante meines Freundes,* sagte Mona.

*Anton meinte, du warst zu Fuß unterwegs. Woher kamst du denn? Deine Familie muss sich gesorgt haben. Und hast du kein Gepäck mit?*

Ihre Fragen machten Mona nervös, wer wusste schon, ob man dieser Hannah trauen konnte. *Mich sucht niemand, die Tante erwartet mich, und meine Sachen sind bei ihr,* sagte Mona. *Ich bin in den falschen Zug gestiegen, dann bei der nächsten Haltestelle wieder hinaus ... und habe mich zu Fuß auf den Weg gemacht. Ich kenne mich in dieser Gegend nicht gut aus.*

*Sie hat eine Adresse, ich werde sie hinbringen,* sagte der Bär nun, und Mona war ihm dankbar, dass er das Thema damit beenden wollte.

*Wann sollst du dort sein?,* hakte die Frau nach. *Irgendwann demnächst,* sagte Mona, *Sie weiß, dass ich schon auf dem Weg bin.*

*Hast du sie angerufen und Bescheid gegeben, dass du bei uns bist?*

*Ja, ja, gestern noch.* Das war gelogen, doch die Frau des Bären schien damit zufrieden zu sein.

Nach dem Frühstück zeigte ihr der Bär die gesamte Anlage. Sie färbte sich saisonal, abhängig von der Tageszeit: zur Dämmerung hin herbstlich, frühlingsfrisch am Morgen, den Sommer trug die Mittagszeit.

Der Bär erzählte, dass die SoLaWi nur eines der Konzepte war, um die Anlage zu finanzieren, er sagte, *Es gibt auch noch einen Vermögenspool mit Anleger:innen.*

Mona hatte keine Ahnung, wovon er sprach, doch es war wunderschön hier, ruhig, die Menschen grüßten und lächelten, als sie Mona sahen. Sie fühlte sich auf Anhieb wohl. Auf einem großen Spielplatz vergnügten sich einige Kinder, quietschten und lachten. Es erinnerte Mona an einen wundervollen Morgen in der PRIMKRU – es gab frisches Bananenbrot, ein Picknick am See war geplant. Alle Kinder scharten sich ausgelassen im Hof, spielten Fangen und lachten, bevor man sich gemeinsam auf den Weg machte. *Wenn es nur öfter so gewesen wäre,* dachte Mona.

*Es ist uns wichtig, rundum ökologisch zu wirtschaften – deshalb hat jede Familie eine Wohneinheit in der gerade notwendigen Größe, gemessen an der Zahl der Mitglieder. Wir haben so viele Gemeinschaftsräume, dass man bei den individuellen Flächen Raum sparen kann. Du hast Glück, dass Natascha im Moment nicht hier ist, sonst hätten wir dich auf die Wohnzimmercouch legen müssen, und die ist nicht sehr bequem.* Der Bär lachte.

Vor fünfzehn Jahren hatte er mit einigen Bekannten einen Verein gegründet, die *Oase Autonome Nachbarschaft,* um eine gemeinsame Vision umzusetzen – die ständig steigenden Mietpreise, die Vereinsamung in der Gesellschaft, ökologische Ausbeutung – das alles waren Tendenzen, die ihnen zuwider waren. Sie wollten es besser machen, generationenübergreifend eine Gemeinschaftsform leben, in der alle ihre Rückzugsorte hatten, wo aber kollektiv gebaut, gegartelt und gewirtschaftet wurde. Alle Entscheidungen trafen sie soziokratisch. Mona hörte nur halb zu, sie kannte diese Ideen schon von der PRIMKRU.

Der Bär zeigte ihr den Gruppenraum, wo alle Besprechungen stattfanden. Im Eingangsbereich hing eine große Fotografie, auf der alle Mitglieder des Projektes abgelichtet waren. Rund fünfundvierzig Menschen unterschiedlichen Alters standen oder saßen inmitten eines Sonnenblumenfeldes, manche mit Kindern auf den Armen, andere auf Holzstühlen. Mona betrachtete das Foto lange – irgendetwas stimmte nicht mit dem Bild. Eine Frau mit ergrautem Haar, vorne mittig platziert, lächelte übertrieben mit den Mundwinkeln. Sie breitete ihre Arme aus. Ein junger Mann in einem Kapuzenpullover stand etwas abseits, er starrte feindselig einen anderen mit langem Bart an.

Eine Frau mit kurz geschnittenen Stirnfransen und Ringel-Shirt betrat den Gruppenraum, grüßte und frage den Bären, ob er mit ihr fünfzehn Kilogramm Bio-Mangos kaufen wolle. Der Bär sagte, er wisse nicht, ob er und seine Frau so viel brauchen könnten, sie sagte, *Für uns allein ist es auch zu viel, ich dachte, ihr könntet euch beteiligen. Letztens haben wir Luisa gefragt, doch das Geld haben wir bis heute nicht bekommen … dabei war das schon vor zwei Monaten. Deshalb würden wir das Obst lieber gemeinsam mit euch kaufen.* Der Bär sagte, er müsse das besprechen, sie sagte, *Und wir würden gern eine Kiste Bio-Orangen dazu nehmen, das wären dann noch mal zehn Kilo.*

Am Nachmittag sollte ein großes Fest stattfinden. Die ansässigen Menschen waren schon mit den Vorbereitungen beschäftigt. Sie stellten ein Zelt auf, es würde ein großes Feuer geben, Sonnwendfeier nannten sie das Spektakel. Mona staunte über die Betriebsamkeit, wie eine Ameisenbande arbeitete man zusammen, perfekt eingespielt. Es gab lange Tafeln, gedeckt mit weißen Tüchern, verziert mit bunten Schleifen und Blumendekoration, und viele unterschiedliche Stühle. Ein würziger Duft lag in der Luft, von gebratenem oder gegrilltem Essen, und alles sah schön und strahlend aus. Sie fragte den Bären, ob sie noch ein wenig bleiben dürfe, sie sagte, *Die Tante hat sicher nichts dagegen.* Und da Nataschas Zimmer im Moment frei war, hatte auch der Bär nichts dagegen.

Die Frau des Bären erklärte ihr, was es mit der Sonnwendfeier auf sich hatte, Mona sagte, *So etwas gibt es in der PRIMKRU auch, etwas Ähnliches jedenfalls,* dann erschrak sie, weil sie sich verplappert hatte, doch Hannah hatte ihr ohnehin nicht zugehört, ein kleines Kind hatte sich das Knie aufgeschlagen und heulte, das beanspruchte ihre Aufmerksamkeit. *Was hast du gesagt, Mona?,* fragte Hannah dann. *Nichts Wichtiges,* sagte Mona erleichtert.

Das Fest leuchtete in allen Farben des Regenbogens, und die Stimmung war ausgelassen. Keine Rituale, keine kratzenden Kutten. Die Kinder liefen frei herum, es gab keine Selbstdarstellungen und kein Entblößen, und das Essen war nicht rationiert. Mona beobachtete eine Mutter dabei, wie sie fast alle Erdbeeren auf ihren Teller schaufelte. Eine andere meinte scherzend, dass sie bitte noch etwas übrig lassen solle, die Erdbeerernte sei nicht allzu üppig ausgefallen. Die Mutter entgegnete, dass sie ihren Sohn mit Kuchen-Alternative habe locken müssen, wo er doch Gluten so schlecht vertrage. Daraufhin lächelte die andere und meinte, *Ja, ist gut, das verstehe ich.*

Hier waren alle freundlich und aufgeschlossen, niemand deklinierte die Normen, niemand musste in den Arrest, und Mona überlegte, Pauls Tante niemals aufzusuchen und stattdessen hierzubleiben; doch am nächsten Morgen meinte die Frau des Bären, *So, jetzt haben wir dich aber lange genug aufgehalten, deine Tante wird bestimmt schon ungeduldig sein. Anton, fährst du sie?*

Und der Bär nickte, und als sie ins Auto stiegen, gab Mona ihm die Adresse.

## GEFANGENSCHAFT

Die Doktorin sagt, *Es war gut, dass Sie ehrlich zu mir waren, Mona, das hat Ihnen bestimmt viel Mut abverlangt. Die Tante spricht vielleicht nicht darüber, doch sie hat längst alle Schritte eingeleitet. Wir werden dafür sorgen, dass der PRIMUS Ihnen nie wieder etwas antun kann – und auch keinem anderen Mädchen.*

Am Abend, in diesem Grenzland von Wachsein und Schlaf, sehe ich zum wiederholten Mal dieselbe Szene: Ich sitze an einem Holztisch, dessen Fläche Kratzer, eingeritzte Namen, Symbole und Kerben zieren. Die Finsternis, die mich umgibt, ist undurchlässig. Mir gegenüber sitzt eine Glucke, ich erkenne ihr Gesicht nur schemenhaft und in Sepia getaucht. Die Glühbirne schwebt zwischen uns. Ihr Blick fixiert mich, als wollte sie mich bestrafen, ihre Finger umschließen etwas, ruhen auf dem Tisch. Sie schiebt das Etwas in meine Richtung, insistierend, vor ihr auf dem Tisch liegen fünf dicke Goldringe. Ich leiste dem stummen Befehl Folge, schiebe je einen auf einen Finger meiner Hand. Sie fühlt sich schwer an unter der Last.

**Der Mensch**
ist eine einzige Fragilität in der Welt.

Sie stand vor dem Wohnhaus - der Bär hatte sie dort abgesetzt – und war unsicher, ob sie flüchten sollte oder bleiben. Die ganze Stadt roch nach Zimt und Asche, die Menschen ignorierten sie, sahen durch Mona hindurch, unsichtbare Personen war man gewöhnt in der Stadt.

Mona hatte nie ein derartig hohes Haus gesehen, deshalb verharrte sie länger, als sie es vorgehabt hatte, stand da und betrachtete die Balkone mit ihren spärlichen Möbeln, den Blumentöpfen. Neben der Eingangstür waren Schilder angebracht, auf denen Namen und Zahlen standen:

| | |
|---|---|
| Hartmayr | Top 14 |
| Mayer | Androsch |
| Top 3 | Kaiser/Aichinger |
| Top 4 | Top 17 |
| Jellinek | Aschauer |
| Top 6 | Reichert |
| ORDINATION | Top 20 |
| Maier/Adermann | Top 21 |
| Brenner | Top 22 |
| Kunert | Cszistall |
| Top 11 | Top 24 |
| Top 12 | Kretzer/Seitz |
| Top 13 | Schwarz |

Sie las die Namen immer wieder, doch der Name der Tante war nicht zu finden, also drückte sie verschiedene Knöpfe.

Top 3: *Guten Tag, ich bin Mona –*
*Wir kaufen nichts.*
*Ich wollte nur –*
Klick.

Top 4: Rauschen. *Hallo? Hallo?*

Top 13: *Guten Tag, kennen Sie vielleicht* – (an dieser Stelle unterbrach sich Mona selbst, da sie damit rechnete, gleich wieder *Klick* zu hören, doch auf der anderen Seite herrschte nach wie vor freundliche Stille, also setzte sie erneut an), *Also, entschuldigen Sie, ich suche Helga Krenner, wohnt sie hier?*

*Die hat Top 12, aber die Helga hat heute Spätschicht.*

*Danke. Dann werde ich warten.*

*Wer sind Sie überhaupt?*

*Mona. Ich komme zu Besuch.*

*Hat Sie Ihnen denn nicht gesagt, dass sie heute arbeitet? Na, kommen Sie halt rauf, Sie können sich zu mir setzen. Dritter Stock.*

Klick. Ein Summen setzte ein.

*Hallo?*

Als sie gerade wieder auf die Taste drücken wollte, kam ein dicker Mann aus dem Haus und hielt ihr die Tür auf. *Rein oder raus?* Er lachte.

Mona betrat den Wohnblock und fand sich in einem langen Gang. Die Stimme, die aus der Anlage gekommen war, hallte nun durch die Gänge des Hauses, *Was ist denn nun, dritter Stock habe ich gesagt, hier, kommen Sie doch.*

Mona versuchte, der Stimme zu folgen – es stellte sich heraus, dass sie einer sehr kleinen Frau mit Schürze und weißen Haaren gehörte.

**Ein neues Haus**

Mona ertrug die neue Wohnung nicht. Die Tante sagte, *Die kleine Dachgeschosswohnung wäre eigentlich für Paul bestimmt gewesen.* Während Helga das sagte, dachte sie: *Er könnte noch am Leben sein, wenn du nicht –*

Zumeist schluckte Helga die Wut hinunter, dann blieben nur noch Zornfalten auf ihrer Stirn und zusammengepresste Lippen. So sah sie immer aus, wenn sie Pauls Namen aussprach.

!PAUL!

Helga bekam Geld vom Jugendamt, damit Mona bei ihr bleiben konnte. Mona verbrachte viel Zeit in der Dachgeschosswohnung mit Warten, wartend saß sie mit dem Rücken zur Wand, wartend saß sie, bis der Tag um war. Die Winkel der Räume waren schräg, alles war schräg in diesem Haus:

die Fenster,
die Mauern,
der Dunstabzug in der Küche,
der Lichteinfall,
die Stimme der Tante

(sodass Mona das Gefühl hatte,
in einem Hexenhut zu leben).

Durch die Fenster fielen kleine Schatten auf das Relief der Tapete, die zu einem Muster auf der weißen Fläche wurden: insektenartige Gestalten; akkurat bildeten sie ihre Straßen, waren Monas einzige Gesellschaft in dieser Zeit (sah sie den Schatteninsekten zu, bis der Tag um war, dann hatte sie es geschafft, ohne Angst ins Bett zu kommen; richtete man eine Taschenlampe auf die Wände, verschwanden die Schattentiere, als wären sie nur eine Illusion gewesen. So stellte Mona Lampen unter die Dachschrägen, wenn sie Besuch von der Tante bekam – damit niemand ihre Schattenkameraden sehen konnte, damit Mona sie für sich behalten konnte). Sie war zu einem Gespenst geworden und fürchtete, dass sie der PRIMUS aufspüren und zurück in die PRIMKRU bringen würde, weshalb sie sich in den ersten Tagen nicht aus dem Haus wagte. Der PRIMUS war ein Detektor für geisterhafte Wesen.

**In der Pfütze**

In der Pfütze vor dem Haus spiegelten sich die Kräne.
In der Pfütze vor dem Haus spiegelten sich die Kräne.
In der Pfütze vor dem Haus spiegelten sich die Kräne.

Mona war nervös, war schwindlig von den Spiegelungen – Kräne, die sich in allen Pfützen vor dem Gebäude wiederfanden, kleine und große.

Die Tante hatte sie mit dem Auto abgesetzt und auf den Seitentrakt des Spitals gezeigt, *Dort muss du hinein. Wenn du fertig bist, rufst du mich an, ich hole dich ab. Die Nummer hast du, richtig?* Mona nickte, sie hatte einen gefalteten Zettel mit Adresse, Name und Telefonnummer von Helga eingesteckt.

Die Panikattacken hatten zugenommen in letzter Zeit, auch die Angst. Die Tante hatte den Termin mit der Doktorin vereinbart. Mona konnte seit einigen Tagen kaum schlafen, war *völlig durchlässig* geworden, das hatte Helga Sorgen bereitet. Deshalb stand sie nun hier, vor diesem Gebäude. Deshalb sah sie den Kränen zu, wie sie sich in der Pfütze spiegelten, bevor sie sich aufraffen konnte, die *Psychiatrische Notambulanz des Allgemeinen Krankenhauses der Stadt Wien* zu betreten.

Mona griff nach dem Türgriff, Mona sah sich im Spiegelbild der Glastür dabei zu, wie sie nach dem Türgriff griff.

Und in der Pfütze vor dem Haus spiegelten sich immer noch:

die Kräne.

Weil Mona unschlüssig im Foyer stand und nicht wusste, an wen sie sich wenden sollte, rief ihr ein Mann aus einer Koje zu, *Junge Frau, kommen Sie bitte zu mir.* Er stellte Mona viele Fragen, die sie nicht beantworten konnte, und wenige Fragen, auf die sie Antworten wusste. Als er sich schließlich nach ihrer aktuellen Wohnadresse erkundigte, reichte sie ihm den Zettel mit Helgas Kontakt. *Ist das eine Angehörige von Ihnen? Helga Krenner?* Mona nickte.

Er wählte die Nummer. *Guten Tag, Notfallambulanz für Psychiatrie. Vor mir steht eine junge Dame, sie wirkt desorientiert.*

(Es entstand eine Pause, Mona zählte. 1, 2, 3, 4, 5, 6, 7 Schläge lang war es still.)

In Ordnung, dann geben Sie mir doch bitte Ihre Sozialversicherungsnummer und Ihren vollen Namen.

(Pause: 1, 2, 3, 4, 5, 6, 7, 8, 9, 10, 11, 12 Schläge)

Können Sie im Anschluss vorbeikommen und sie abholen?

(Pause: 1, 2)

Beim Auflegen des Hörers klickte es.

*Ihre Tante wird Sie nach dem Termin bei der Ärztin abholen.*

*Es ist nicht meine Tante. Es ist Pauls Tante.* Den Mann schien diese Information kaum zu interessieren. *Setzen Sie sich bitte und warten Sie, bis Sie aufgerufen werden!* Mona ging zu einem der freien Stühle, die an der Wand standen; im Stuhl daneben ein älterer Mann in braunen Flickengewändern. Den Oberkörper leicht nach vorn gebeugt, stützte er sich mit ausgestreckten Armen auf einen Stock mit glänzendem Knauf. Er hatte einige Ticks in petto, zum Beispiel ein unregelmäßiges Augenzwinkern und seine *PAPAH*-Rufe, *PAPAH PAPAH*, sagte er immer zweimal hintereinander. Mona nummerierte während des Wartens die *PAPAH*-Rufe des Mannes, um Zeit und Nervosität zu vertreiben. Als sie bei 77 angelangt war, bemerkte sie, dass er nun noch ein linksseitiges Nicken in den Bestand seiner Eigenheiten aufgenommen hatte.

Etliche *PAPAHs* später öffnete sich eine Tür. Eine Frau in weißem Kittel sagte, *Mona?,* Mona erhob sich, ging auf sie zu, *Kommen Sie bitte herein,* sagte die Frau. *Setzten Sie sich.* Auf dem Schild, das an ihrer Brust haftete, stand

*Dr.in A. Winterfeld*

Die Tür zu dem kleinen Raum schloss sich wieder, die Doktorin wiederholte, *Setzen Sie sich, bitte,* dabei deutete sie auf einen Stuhl. Auf dem Schreibtisch stand eine Lampe, die Zitrusduft aufsteigen ließ.

*Helga Krenner hat diesen Termin für Sie ausgemacht – ich wüsste aber gerne von Ihnen, ob es Ihre eigene Entscheidung war, zu mir zu kommen?,* fragte die Doktorin. Mona sagte, *Die Tante meinte, dass man mir hier helfen könne.*

Die Doktorin notierte etwas auf einer Karteikarte, sie schrieb in Blockbuchstaben. *In Ordnung, Mona, und wobei genau brauchen Sie Hilfe?*

*Ich kann nicht schlafen,* sagte Mona, *Sobald ich die Augen schließe, tauchen beängstigende Bilder auf. Dann beginnt meine Wirbelsäule zu kribbeln, Hitze steigt auf, ich kann das alles schwer beschreiben, doch es lähmt mich völlig, es ist grauenvoll.*

*Wie lange geht das denn schon so?,* fragte die Doktorin. *Ihre Tante meinte, Sie wären in einer Gemeinschaft*

*aufgewachsen und lebten erst kurz in der Stadt – hatten Sie dort ebenfalls Schlafprobleme?*

Mona wurde unsicher, sie konnte der Frau nicht einfach von der PRIMKRU erzählen, also sagte sie nur, *Ich habe früher an einem anderen Ort gelebt, doch ich möchte nicht darüber sprechen. Ich will einfach nur schlafen können.*

*Keine Sorge, Mona,* sagte die Doktorin, *Das bekommen wir schon hin. Ich muss zuvor noch einige Dinge abklären, wo wohnen Sie denn gerade?*

*Bei Pauls Tante,* Mona wurde etwas mulmig zumute, sie fürchtete, die Tante könnte zu viel verraten haben. Langsam erhob sie sich und meinte, *Entschuldigung, das war ein Fehler, ich werde jetzt gehen,* dabei steuerte sie auf die Tür zu.

Die Doktorin war schneller und hielt sie sanft auf, *Beruhigen Sie sich, Mona. Sie sind hier in Sicherheit, es kann nichts passieren. Es ist wichtig, dass wir uns nun regelmäßig sehen, das habe ich so mit ihrer Tante besprochen. Ich kann Ihnen nicht einfach Schlafmittel geben, ohne Sie weiterhin zu betreuen, verstehen Sie das?*

Mona nickte, ihre Unsicherheit ließ etwas nach. *Atmen Sie tief ein und aus, dann starten wir noch mal,* sagte die Doktorin.

**Als Monas Ich verschwand**

wollte sie es nicht wiederfinden, war sie dankbar dafür, sich nicht mehr damit herumplagen zu müssen. Die Doktorin meinte, dass man danach fahnden sollte,

*Eine Identität ist Grundlage der Persönlichkeit,* sagte sie, aber konnte Mona nicht einfach ohne Persönlichkeit zurande kommen? Sie suchte Halt im Bücherregal, das hinter der Doktorin Wache hielt, und entdeckte ein weißes Buch. Auf seinem Rücken stand:

*Entwicklung der Persönlichkeit* Carl R. Rogers

*Wann haben Sie zum ersten Mal entdeckt, dass sich Ihr Ich verflüchtigt hat,* fragte die Doktorin. Mona wusste keine Antwort darauf. *Es war einfach weg. Ich habe es nicht sofort bemerkt.*

*Ein schleichender Prozess also,* sagte die Doktorin, dabei klopfte sie mit dem Zeigefinger zweimal an ihren Brillenbügel. Mona zählte die Brillenbügeltipper, eins, zwei, tipp, tipp. Sie gähnte, doch nur ein bisschen, sie gähnte gerade so viel, dass die Doktorin verstand.

*Sind Sie müde,* fragte die Doktorin. *Nur ein wenig,* antwortete Mona.

*Schlafen Sie derzeit besser, oder soll ich Ihnen etwas anderes verschreiben?* Monas Schlaf war immer unvorhersehbar, mal besser, dann wieder schlechter, doch sie wollte nicht so viele unterschiedliche Tabletten einnehmen, die bunten Knöpfe brachten sie völlig durcheinander.

*Was haben Sie heute gemacht?* Die Doktorin schob die Brille auf ihrer Nase zurecht, eins, zwei, doch recht saß sie nicht, denn kurz darauf nahm die Doktorin sie ab. Klopfte gegen die Schläfe, *Haben Sie Kopfweh?,* fragte

Mona (*Haben Sie einen Tick?*, dachte sie, *wie soll mir eine Person helfen, die selbst einen Tick hat?*). Wenigstens hatte die Doktorin nun das Thema gewechselt. *Nichts Besonderes, ich habe hier kaum etwas zu tun,* sagte Mona.

*Machen Sie sich keine Sorgen, Mona, einen Schritt nach dem anderen.* Die Doktorin nickte besänftigend.

Eins, zwei. Brillenbügelschaukeln.

**Mona**

Wenn Mona einen Raum betrat, erkannte sie es sofort, das Wetter darin.

Auf dem Jugendamt war Schneeregen vorherrschend, auf dem glatten Boden kamen alle ins Schlittern. Mona drehte sich um und wandte sich den milden Temperaturen zu, die draußen auf den Stufen lungerten.

Die Tante blieb im Büro, um die Antragsformulare auszufüllen, Mona sollte *Pflegekind* werden, die Tante *Pflegemutter.* Mona fragte sich, was das an ihrer Situation verändern würde und ob sie die Tante nun nicht mehr Helga, sondern Pflegemutter nennen müsste, und so saß sie auf den Stufen und wartete, dabei studierte sie das Wetter auf der Straße; die Tante würde Mona auf dem Heimweg bei der Doktorin absetzen.

**Therapie**

Mona war anfangs dreimal wöchentlich bei der Doktorin in Behandlung, die Tante brachte sie zu den

Terminen in eine Praxis, nicht mehr ins Krankenhaus. (Das Haus der Doktorin befand sich am Ende einer Treppe, deren massives Geländer Halt spendete. Es half beim Aufstieg, und der Türklopfer erinnerte an ein Clownsgesicht, was Mona immer wieder aufs Neue verunsicherte. Sie hasste diese ins Holz gepresste Fratze.) Anfangs sagte die Doktorin, dass sie sich nicht zu viel zumuten solle, sie sagte, *Wir arbeiten im ersten Schritt nur daran, Ihre Erinnerung wieder nach oben zu begleiten.* Mona wusste nicht, was das bringen sollte, wer fühlte sich in seiner Erinnerung zu Hause?

Seit sie die verschriebenen Tabletten nahm, ging es ihr besser, die Panikattacken hatten nachgelassen, manchmal kam sie zur Ruhe. Nur wusste sie an vielen Tagen nichts mit sich anzufangen. Sie war verloren in dieser Stadt und ihrem eigenen geisterhaften Dasein; sie vermisste den Zusammenhalt der Oase. An besonders einsamen Tagen vermisste sie sogar die PRIMKRU, da schob sie gedanklich das Grauen, das die Gemeinschaft ausgemacht hatte, beiseite und erinnerte sich an alles Gute: Wie ein Kiel hatte die PRIMKRU sie stabil gehalten, aufrecht gehalten, ihr zumindest eine Richtung gewiesen auf den schaukelnden Wellen. Es war ein Fürchten und Sehnen zugleich.

Die Doktorin sagte, *Wenn man etwas Schreckliches erlebt hat, kann es durchaus vorkommen, dass man sich nicht erinnert. Das ist normal, in Ihrer Situation.*

Mona wüsste gerne, warum die Doktorin Monas Situation besser zu kennen schien als sie selbst.

Die Dachgeschosswohnung starrte weißwandig zurück, weil Mona manchmal ganze Tage damit zubrachte, die Insekten auf der Tapete zu inventarisieren. Nur für die Sitzungen unterbrach sie die Bestandsaufnahme ihrer Schatteninsekten und markierte an der Tapete die Stelle, bei der sie aufgehört hatte. Es war noch so viel freier Raum übrig. Sie hätte gerne Pflanzen gehabt, die könnten den Schatteninsekten Gesellschaft leisten. Sie hätte gerne im Wald gelebt oder in der Gemeinschaft des Bären, sie sehnte sich nach echter Zugehörigkeit; das Geduldet-Werden bei Pauls Tante war nicht genug.

*Erinnert Sie das an Ihre Eltern?,* fragte die Doktorin.

Mona antwortete nicht, die Doktorin sagte, *Ich meine die Menschen, von denen Sie biologisch abstammen, Mona.*

*Ich erinnere mich überhaupt nicht an meine Herstellerin,* sagte Mona. *Ich hatte Glucken. Wissen Sie, ich vermisse die Oase. Bei der Tante fühle ich mich immer fremd.*

*Warum besuchen Sie den Bären nicht einmal,* sagte die Doktorin. *Wenn ich mich nicht täusche, haben Sie berichtet, dass er Sie eingeladen hat. Es ist wichtig, Freundschaften zu schließen, es tut niemandem gut, jeden Tag allein in einem Zimmer zu verbringen und sich dort vor der Welt zu verstecken.*

## AUSLASSUNGEN

Das Faszinierende an den Mauern ist, dass man zwischen den Menschen immer noch einsam sein kann. Sabine hat eine Art, durch ihre Anwesenheit Leere zu erzeugen; ich spüre diese Leere schon beim Betreten unserer Kemenate, dann weiß ich, dass sie da ist. Es ist ein Loch im Raum. Die Leere ist ein kalter Luftzug im Nacken. Wenn du von jemandem, der von dir auf dem Bett sitzt, ignoriert wirst, wird dir deine eigene Bedeutungslosigkeit bewusst.

### Neue Nachbarschaft, vertraute Wege, bekannte Gesichter

Der Weg in die Wohngemeinschaft des Bären zog sich wie ein unsichtbarer Läufer durch die Stadt. Mona kannte mittlerweile jeden Winkel, konnte die Geschäfte und Straßen aufsagen wie ein Gedicht, wusste um die Form jeden Baumes, den sie passierte.

Als er sie vor dem Haus der Tante abgesetzt hatte, hatte der Bär gesagt, *Ich gebe dir meine Telefonnummer, du bist uns immer willkommen, melde dich gern.*

Seit dem Gespräch mit der Doktorin suchte Mona die Oase an all jenen Tagen auf, die sich wie Schatten über ihre Stimmung legten. Es waren viele Tage – zwei- bis dreimal pro Woche besuchte sie den Bären und blieb über Nacht (sie hatte den Eindruck, die Tante sei froh darüber, sie aus dem Haus zu haben). Solange Natascha außer Landes war, hatte sie ihr Zimmer zur Verfügung.

Jedes Mal, wenn Mona die Schwelle zur Oase überschritt, stellte sich augenblicklich Erleichterung ein. Die Menschen freuten sich, sie zu sehen, grüßten, und mittlerweile hatte sich Mona auch an die saure Frühstücksmarmelade gewöhnt.

Es war schaurig und schön und verboten und anziehend, in den Laken eines fremden Mädchens zu liegen, eingehüllt in ihren Geruch, als würde Mona in das Innerste einer fremden Person vordringen, die Intimsphäre durchbrechen, und je länger sie sich in der Oase aufhielt, desto sicherer fühlte sie sich in den fremden Gewändern. Heimlich zog sie Nataschas Kleider an und bewegte sich in ihrem Raum, als wäre alles ihr Eigen, bis die beiden Mädchen schließlich zusammenwuchsen und Mona nicht mehr wusste, wo sie selbst aufhörte und Natascha begann. Nur ein paar Haare auf einer Haarspange und in der Bürste erinnerten noch an die frühere Besitzerin, doch auch diese Andenken entsorgte Mona mittels Klospülung. Der Bär war ein verbesserter PRIMUS, die Oase ein Anker, der sie festhielt, vertrauensvoll auf den Wellen des Lebens schaukeln ließ, und Mona wollte nie wieder zurückkehren in die kalte Umarmung der Tante.

Nach ein, zwei Nächten kehrte sie dann doch wieder zurück, geduckt, trübsinnig und dennoch etwas aufgeladen; ein Teil von ihr blieb immer in der *Oase Autonome Nachbarschaft*.

**Der Raum hat eine Bestimmung**

Der Bär hatte Mona eine Pflanze für ihre Dachgeschosswohnung gekauft. Die Pflanze stand nun in der Mitte des Raums, wo sie viel Platz hatte (wie der Feigenbaum im Innenhof des Primsidiums). Paul hätte der kleine Baum inmitten des Raums gefallen.

Darüber hinaus verfügte Mona über wenig Inventar:

1 Tisch
2 Stühle (der eine mit rotem Polsterbezug und in Nussholz, der andere weiß gestrichen)
1 Küchenzeile
1 Waschtisch
1 Toilette
1 Handtuchhalter
1 Dusche
1 alter Teppich
1 Schrank
1 Bett

Monas Raum dehnte sich aus, deshalb saß sie am liebsten in der Ecke des Wohnzimmers, wo sie fast alles überblicken konnte (und die Wand im Rücken gab ihr Deckung). In dieser Wohnung waren zu viele Winkel, zu viele Unübersichtlichkeiten:

die Winkel des Verborgenen
die Winkel des Vergessenen
die Winkel großer Ideen
die Winkel der Zukunft
die Winkel der Schatteninsekten

Zu viele Geheimnisse krochen hier
auf dem Boden herum.

Ein massiver Schrank hielt neben dem Bett Wache, die Tante sagte, *Der hat schon Pauls Mutter gehört.* Das Bett war breit für zwei, doch Mona wünschte sich die enge Koje aus PRIMKRU-Zeiten zurück. Die Sehnsucht lag wie ein toter Körper neben ihr und hielt sie kalt. Mona versuchte, sie wegzustoßen, doch ihre Glieder wollten ihr nicht gehorchen.

*Haben Sie langsam das Gefühl, ein Zuhause in der Stadt zu finden?,* fragte die Doktorin. *Ich bin meistens nicht hier,* sagte Mona, *ich schlafe sehr oft beim Bären in der Oase. Dort fühle ich mich eher zu Hause als bei der Tante. Sie mag mich nicht, ich komme mir bei ihr wie ein geduldetes Tier vor.*

*Ach, so oft sind Sie beim Bären zu Gast?*

*Ja, das ist eine sehr offene Gemeinschaft dort,* sagte Mona, *ich habe das Gefühl, schon richtig dazu zu gehören. Nur einen Schlüssel geben sie mir nicht, aber das liegt vermutlich daran, dass sie ihn für Natascha aufheben.*

Ene, mene, miste,
es rappelt in der Kiste.
Ene, mene, meck,
und du bist weg.

Weg bist du noch lange nicht,
sag mir erst, wie alt du bist!
(8)
Eins, zwei, drei, vier, fünf,
sechs, sieben, acht
das wär gelacht,
du bist dran
000000000
00000
00
0

**Fette Henne (Brauchtum)**
Ein Kind wurde in die Gemeinschaft geboren, und Hannah war an der Reihe mit dem Kochen. *Sehen wir uns das Baby heute an,* fragte Mona, sie half dabei, einen stillfreundlichen Eintopf zuzubereiten. *Nein, gerade darum geht es ja bei der Fetten Henne,* sagte Hannah. *Im Wochenbett sollen Mutter und Kind zusammenwachsen. Die Mutter ist in dieser Zeit besonders durchlässig und braucht körperliche Schonung. Deshalb kocht jeden Tag eine andere Person und stellt das Essen nur vor die Tür, ganz ohne Baby-Watching.* Mona schnitt eine Karotte in dünne Scheiben, *Was ist Baby-Watching?*

*Du musst sie kleiner schneiden,* Hannah wirkte ungeduldig, Mona zuckte mit den Schultern. *Es geht darum, dass diese besondere Phase, in der eine neue Seele auf die Welt kommt, heilsam ist für die Familie. Wenn alle nur Babybesuche im Sinn haben, ist das ganz schön egoistisch. So muss die Mutter, die gerade entbunden hat und Ruhe benötigt, auch noch Leute verköstigen und bedienen.*

Es war ein warmer Tag, und Mona traf Jolanda im Badeanzug an, sie hatte ein aufblasbares Planschbecken auf den Rasen gestellt und war dabei, es mit Wasser zu füllen. Sie unterhielten sich über das Baby, das Mona gerne sehen wollte, aber nicht besuchen durfte wegen der Sache mit der Fetten Henne; Jolanda stand mit dem Schlauch in der Hand da, Mona mit hochgekrempelter Hose und den Füßen im Wasser, als Tobias auf die Mädchen zustürzte, *Was machst du da, bist du völlig verrückt?*

*Was ist dein Problem, Tobias?* Jolanda ließ den Arm mit dem Schlauch sinken und spritzte etwas Wasser neben das Becken.

*Erstens – was soll der Plastikscheiß? Weißt du, unter welch verheerenden Umständen diese Dinger produziert werden? Wir haben uns darauf geeinigt, auf Plastik weitgehend zu verzichten!*

*Es ist so heiß, und meine Oma hatte es noch von früher. Wäre es dir lieber, das Ding würde im Keller verrotten?*

*Und zweitens darfst du auf der Gemeinschaftsfläche keinen Pool aufstellen, das weißt du genau!*

*Ja, und wem haben wir das zu verdanken? Dir!*

*Es gibt gute Gründe dafür!*

*Ich kann nichts dafür, dass mit Ilse und dir Schluss ist – lass nicht alle dafür büßen, dass du wütend aufs Leben bist!*

Mona fühlte sich unwohl und stieg aus dem Becken, setzte sich auf einen der Baumstümpfe neben dem Beet. Die Oase war ein Ort, an dem alternative Lebensform und Konvention einander die Hand reichten, es gab sie, die Idee vom Gemeinsamen, von der Selbstverwaltung, der ökologischen Raumnutzung, das alles hatte ihr der Bär erklärt, doch sie verstand nicht, wieso Jolanda das Becken nicht aufstellen sollte. Man konnte es jederzeit wieder abbauen.

Als Tobias gegangen war, erzählte Jolanda von der Diskussion um den Schwimmteich, die sich seit vielen Monaten dahinzog. Da Gemeinschaftsflächen nur durch einstimmige Beschlüsse gestaltet oder verändert werden durften, waren diese Beschlüsse ein Schauplatz für Machtdemonstration geworden. Die Gruppe hatte sich nach zahlreichen Besprechungen auf einen Teich geeinigt, Angebote wurden eingeholt, Platz gefunden, alles war vorbereitet, doch dann zog Tobias seine Zustimmung kurzerhand zurück. *Immerhin können bei euch alle mitbestimmen,* sagte Mona, *immerhin werdet ihr gefragt.*

Der Bär meinte, die kleinen Konflikte seien nur menschlich, sie drehten sich um das, was in der Gesellschaft strukturell gewachsen sei, dagegen könne sich niemand wehren, so fest seien diese Prägungen verankert; die Vorstellungen von Eigentum, die in jedem Kopf andere Formen annähmen, seien nur ein Beispiel dafür. Wo die einen die Grenzen dehnten, würden andere gern Zäune errichten.

Einmal erzählte er Mona von der Sache mit den Zeitungen, einem großen Drama in der Oase. Sie hatten früher offene Postkästen, für alle zugänglich. Tobias hatte ein Abo für ein wöchentlich erscheinendes Magazin, das plötzlich verschwunden war. Als er herumgefragt hatte, hatte sich herausgestellt, dass Marlene es genommen hatte, ohne zu fragen. Sie meinte, er solle sich nicht so echauffieren, schließlich würde sie es zurückgeben, nachdem sie es gelesen habe. *Es gibt eben unterschiedliche Vorstellungen,* sagte der Bär, *doch eine Gruppe spiegelt jedem die eigenen Kindheitsthemen und Verletzungen wider. Das fördert das individuelle Wachstum.*

## RITUALE

Einen gleichförmigen Ablauf zu haben, stellen sich viele Menschen beruhigend vor, doch ich finde das Monotone hinter den Mauern erdrückend. Es ist nicht leicht, im Takt zu bleiben an Tagen, die ich nur an der Farbe meiner Jogginghose unterscheide (und manchmal nicht einmal daran), immer dieselben Räume zu sehen, nicht hinaus zu dürfen, ständig mit mir selbst konfrontiert zu sein, sonst mit nichts. Es ist wie ein Tanz unter Wasser, ein Tanz auf dem Meeresgrund, immer mit leichtem Delay, denn die Medikamente machen mich träge und verlangsamen jeden Schritt, lassen mich stolpern: über meine Gedanken, meine Träume, Sehnsüchte und Ängste. Gestern Abend war das Stolpern besonders schlimm, da lag die Unsicherheit in meinem Bett und hielt mich kalt, hielt mich fest, gestern war die Unsicherheit größer als ich selbst.

Es wäre hilfreich, eine Freundin zu haben, nur kann man den wenigsten Menschen hier vertrauen. Der einzig zuverlässige Kumpan ist der Blick aus dem Fenster; ich frage mich, mit wem ich mich hier unterhalte, weil ich insgeheim noch immer auf Paul warte, auf Wiederholungsschleife gedrückt habe; doch über den Sprung in der Platte lassen sie mich täglich stolpern.

Paul fehlt mir, er fehlt mir jeden Tag. Oft frage ich mich, was er tun würde, wäre er hier. Irgendeinen Schabernack hätte er im Kopf, wie damals, als wir uns kennenlernten, da war er ganz neu in der PRIMKRU, ich weiß noch, wie hässlich ich seine kamelbraune Cordhose fand. Er klammerte sich an die Hand einer Frau, mit Augen, die nie stillstanden. Die anderen Kinder mieden ihn, doch irgendetwas hatte er an sich, das mich anzog. Beim Abendessen setzte ich mich zu ihm, ich mochte ihn auf Anhieb und schenkte ihm meine Nachspeise.

Paul hatte irrwitzige Ideen, die uns oft in Schwierigkeiten brachten, und in den Nächten weinte er sich in den Schlaf, weil er seine Mutter vermisste; dass Eltern in der PRIMKRU verboten waren, daran konnte er sich lange nicht gewöhnen. Er hatte es schwer zu Beginn, doch wenn mich die anderen Kinder hänselten, stellte er sich an meine Seite, so blieben wir: unzertrennlich, wir gegen die anderen.

Und ich erinnere mich daran, dass wir gemeinsam Obst aus der Speisekammer klauten, weil Paul die Essensrationen immer zu wenig waren. Im Zeichenkurs war er auch nach längerer Zeit noch relativ unbegabt, seine Blumenvasen sahen aus wie nach oben gestreckte Beine eines Truthahns, und manchmal, wenn wir gemeinsam im Arrest saßen, draußen das Unwetter tobte und der Regen so laut auf das Dach schlug, dass man Schwierigkeiten hatte, die eigenen Worte zu verstehen, flüsterte er mir ins Ohr, dass auch Gewitter immer dieselben Abläufe hätten, dass man sich nicht zu fürchten brauche, weil jeder Sturm irgendwann weiterziehe. Paul wusste um ihre Choreografie, Paul konnte Gewitter aufsagen wie ein Gedicht.

## WEISSES RAUSCHEN

Wenn du sagst, dass du das Gewitter bald auswendig kennst, frage ich mich, ob es schon vorbeigezogen ist in dir, ob du schon damit aufhören kannst, im Takt zu klopfen, ob du schon im Zwischenrauschen untergegangen bist oder noch auf den nächsten Refrain wartest, den nächsten Blitz, das nächste Zucken deines Körpers, einen Widerhall in mir.

Wenn du die Wolken überspringen würdest, auf *fast forward* drücken könntest, würdest du dann bei mir ankommen oder noch nach der nächsten Strophe suchen, und würde ich dein Outro sein in diesen Gewitternächten, eine kleine Melodie von früher, könntest du mich mitsummen oder wäre ich sofort vergessen nach den ersten Tönen?

Du siehst den Himmel und ich die Wasseroberfläche, weil ich ertrinke in unserem Lied, und ich strecke meine Finger nach dir aus, will nach dir greifen, um zu spüren, ob du echt bist oder nur Erinnerung, dabei taste ich bloß ins Leere, hier, auf dem Meeresgrund.

## ANDOCKEN

Jeder Mensch scheint zu jemandem zu gehören. Das kann ein Eltern-Kind-Verhältnis sein, eine Beziehung, eine Freundschaft. Auch Sabine hat Familie, die sich rührig kümmert. Einmal pro Tag wird sie angerufen, anschließend ist sie sanfter, beruhigt.

Nur mit mir verhält es sich anders, jedes Andocken scheitert am Ende, seit Paul nicht mehr lebt. An den Tagen, an denen ich mich wie der einsamste Mensch der Welt fühle, abgekapselt und torsogleich, versuche ich, Trost zu finden. Ich denke: Die Mauern sind ein grausamer Ort, doch weniger grausam als die Menschen draußen; hier weiß man um die Verrücktheit der Leute, während sich außerhalb alle in falscher Sicherheit wiegen; Berta, eine der Insassinnen, hat zum Beispiel ein Faible für ihr Metronom, das sie ständig mit sich herumträgt. Sie treibt damit alle anderen in den Wahnsinn, besonders Sabine hat regelmäßig Auseinandersetzungen mit ihr. Wenn Berta aufgeregt ist, skandiert sie im Takt des Geräts Worte mit B, sie sagt: *Baum-kro-ne, Bal-last, Brun-nen, Ba-by, Brautkleid, But-ter-brot, Bra-ten-fett, Brust-war-ze …*

Wir nennen das Gerät insgeheim das *Bertranom.* An besonders schlimmen Tagen wechselt sie zum Dreivierteltakt, was es noch schwieriger macht, in ihrer Anwesenheit Unterhaltungen zu führen. Wenn Berta neben uns den Rhythmus des Essens und Denkens und Sprechens vorgibt, kommt es oft zu Streitigkeiten. Einmal hat jemand versucht, die Batterien aus dem Gerät zu nehmen, das gab ein Drama auf der Station; seither wagt es niemand, das Bertranom anzufassen. Berta hat ihre Eigenheiten, natürlich, doch Bertas Verhalten ist vorhersehbar, kontrollierbar auf eine beruhigende Weise.

**Sitzungsprotokoll, Versammlung, Abstimmung**

Der Versammlungsraum war mit bunten Wimpeln ausgekleidet, eine Tafel entlang der Wand aufgestellt, sie quoll über vor Speisen, einige Kerzen als Dekoration. Alle Mitglieder des Wohnprojektes fanden Platz auf dem Boden, wo großflächige Teppiche ausgelegt waren. Mona saß neben dem Bären, auf dem Schoß balancierte sie einen Teller mit gefüllten Zucchinirollen, ein Glas in der Hand. Sie wirkte, als wäre sie immer schon Teil der Gruppe gewesen. Sie feierten den Jahrestag der Oase, außerdem war eine Versammlung geplant, in der über einige Probleme gesprochen werden sollte. Wendelin führte Protokoll (wie immer). *Hiermit eröffne ich die Sitzung und heiße euch alle willkommen! Stoßen wir auf unsere Gemeinschaft an! Ich finde uns wunderbar!* Alle applaudierten.

Marlene meldete sich zuerst, sie hatte einen Antrag vorzubringen, *Ich möchte gleich sagen, dass mir bewusst ist, wie schmerzhaft dieses Thema ist, Tobias, bitte denke nicht, dass ich kein Mitgefühl aufbringe für deine Situation! Doch wie ihr alle wisst, leben Lorenz, die Kinder und ich in einer zu kleinen Wohnung; nach unserer Satzung hätten wir Anspruch auf ein weiteres Zimmer. Tobias ist seit Kurzem getrennt, Ilse und der Kleine sind ausgezogen.*

*Nun besetzt er allein eine Wohnung für vier, während wir eine für drei zur Verfügung haben. Ich würde gerne über einen Wohnungstausch abstimmen.*

Plötzlich wurde es still im Raum, viele Blicke waren auf Tobias gerichtet, manche auf Marlene. Der Bär blickte auf seinen Teller und rückte seine Zucchinirollen etwas umständlich zurecht. Wendelin schaltete sich ein, da Tobias noch blasser geworden war und nichts erwiderte. Wendelin sagte, *Marlene, ich verstehe deinen Wunsch, und ich denke, viele in der Gruppe haben sich auch schon diese Gedanken gemacht. Vielleicht könnten wir Tobias noch etwas Zeit geben und über eine weitere Rochade nachdenken. Längerfristig wäre es natürlich sinnvoll, den Raum gerecht zu verteilen, da hast du schon recht.* Hannah sagte, *Ich finde das etwas pietätlos im Augenblick, lasst uns doch kurz innehalten und fühlen, was diese Situation mit uns macht. Tobias' Trennung ist auch noch ganz frisch, vielleicht kommt Ilse zurück? Die Fehlgeburt war etwas, mit dem sie erst einmal umgehen musste.* Dabei griff sie nach Tobias' Hand, der neben ihr saß, zwinkerte ihm aufmunternd zu. Der Bär starrte irritiert auf diese intime Geste, dann senkte sich sein Blick wieder.

Für Marlene war das Thema nicht erledigt, es begann ein Hickhack, bis Wendelin zur Abstimmung aufrief. Bevor die Leute ihre Hände heben konnten, stand Tobias auf und verließ den Raum.

Ich erzähle der Doktorin von den Grausamkeiten in der Oase, die ganz unvorhersehbar waren: Ein Mann verlor seine Wohnung, weil sich seine Frau nach einem Abort von ihm getrennt hatte. Wohnraum sollte möglichst nachhaltig vergeben werden, weshalb er in den Single-Trakt ziehen musste, damit eine *richtige* Familie einziehen konnte. Ich erzähle auch von einem Mann, den ich an einer Straßenecke neben der Wohnanlage vorfand; er saß dort jeden Tag, vor sich hatte er einen Beutel und ein Kartonschild, auf dem er um eine Spende bat. Eine Gruppe Jugendlicher aus der Oase ging einmal vorbei und spuckte ihn an, dann kickten sie den Beutel mit den Füßen fort. Eine junge Frau auf der anderen Seite der Straße fotografierte die Szene, dabei inszenierte sie sich selbst mit erschrockenem Gesicht im Bild, wahrscheinlich für ihre Social-Media-Accounts.

**Geschäftiges Treiben**

Das Fest fand auf einer großen Wiese statt, es wirkte auf Mona, als würden die Leute, die in der Oase zu Hause waren, ständig feiern; woher hatten sie die Schießbuden, in denen man mit Kugeln auf Dosen zielen konnte, um große Stofftiere zu gewinnen? Die Stofftiere hatte Anneliese selbst gehäkelt, wie sie Mona berichtete, und der Erlös des Standes war einem guten Zweck gewidmet. Es gab auch viele Buden mit allerlei Essen, BioBoxen zum Mitnehmen aus der SoLaWi und Kleidung mit dem Logo der *Oase Autonome Nachbarschaft.* Die große Attraktion für die Kinder: eine Hüpfburg in Form eines Kuhstalls und ein Karussell, sogar Ponyreiten konnte man hier. Große Schilder versicherten den Gästen, dass den Pferden ein Offenstallgelände zur Verfügung stand und sie artgerecht gehalten wurden. Nach drei Runden wurde jedes Pony in die Pause geschickt, um sich zu erholen, weshalb die Schlange vor der Reitbude recht lang war. Um die Wartezeit zu verkürzen, wurde Obst am Stiel gegen freie Spende angeboten.

Wo früher die Brachlandschaft war, stand nun ein großes weißes Zelt mit Biertischen und Bierbänken und einer Band, die vor einigen Jahren den Protest-Songcontest gewonnen hatte, erzählte die Frau des Bären.

Mona saß neben zwei Frauen und aß einen Vurger. Sie kannte die beiden nur vom Sehen, doch die eine berichtete der anderen wütend, dass ihre Nachbarin das Fahrrad immer so vor ihre Tür stelle, dass sie mit dem Kinderwagen nicht vorbei könne. *Das macht sie mir zu Fleiß, weil sie selbst keine Kinder hat, ich sage dir, die hat was gegen Mütter. Ständig jammert sie, wenn der Kleine in der Nacht schreit und ich ihm Musik vorspiele, die hat doch keine Ahnung davon, was es bedeutet, nicht mehr zu schlafen! Ihr Freund hat sie auch schon wieder sitzen lassen, das ist das zweite Mal … ich will so eine Person nicht in der Oase haben, wir sind explizit kinderfreundlich, wenn sie Kindergeräusche stören, hätte sie sich vorher überlegen sollen, ob sie hier einziehen will!*

Die andere sagte, *Ja, ich weiß, sie ist egoistisch! Aber sieh mal – letztlich werden wir uns ja doch immer einig, solche Streitigkeiten sind doch normal. Ich habe letztens gut mit ihr verhandelt – bei der Obsternte haben wir diesmal mehr Erdbeeren zugesprochen bekommen, weil Klausi keine Äpfel verträgt. Da war sie richtig verständnisvoll. Ich glaub', sie meint es nicht böse, sie denkt bloß einfach nicht nach ...*

## HAUS WALD HUND

Oft gebe ich mich grauenvollen Fantasien hin: Ich stelle mir vor, wie der PRIMUS Nachricht davon erhält, dass ich das Schweigen gebrochen habe; wie mich der Entenrat aufspüren, heimsuchen, fortzerren würde von hier. Ich denke darüber nach, ob sich die Welt aus den Angeln heben lässt, wie man das Königreich ins Wanken bringen könnte, ich frage mich, ob ich im Jenseits Buße tun müsste oder alles nur erlogen war.

Ich möchte die Tiefe der Spiegel abtasten, verschwinden in meinem eigenen Abbild. Ich denke an unzählige Nadelspitzen im Wald, an einen darin verlorenen Hund, die einsame Hütte, an meine Fußstapfen im Schnee, die auch am nächsten Morgen sichtbar sind.

**zwischen … welten**

in meinen Zwischen … welten
ins Innere leuchten,
Zähne fletschen,
die eigene Zeit sein, weit sein,
fallend sieht man klarer.

Die Vergangenheit zu
meiner Zukunft machen –
Klarheit – eine seidene Angelegenheit,
des frühen Kaisers Schuhe putzen, des späten Vogels
    Federn rupfen,
Gold in meiner Hand und auf meiner Stirn
am Morgen.

**Die Wäsche an der Leine (die im Wind wie Flügelschläge aufflattert)**

Irgendwann hatte Mona die Luke entdeckt. Angezogen von einem reizenden Waschbecken an der Wand schlich sie im Dachgeschoss des Wohnhauses herum und bemerkte eine Leiter mit dünnen Sprossen, oben nicht befestigt und wacklig, eine Leiter, die zu einer holzumrandeten Luke führte. Mona kletterte empor, fingerte an dem Schloss herum, bis es aufschnappte, stieß die Luke auf und befand sich auf einer verborgenen Dachterrasse.

Kies und dunkle Holzbretter führten zu einem Tisch, der in bunten Farben gestrichen war. Außerdem fanden sich dort einige Töpfe mit grünen Bewohnerinnen, Mandelkerne (auf dem Tisch vergessen), eine Dreihundertsechzig-Grad-Aussicht über die Stadt. Es war ein verzauberter Ort, zeitbefreit, und Mona kam nun häufig hierher.

Auf dem Nachbarhaus befand sich ebenfalls eine Dachterrasse, da waren Drähte gespannt, deren Schatten sich wie ein Spinnennetz über die Betonfliesen legten. Zwischen den Fugen lugten Grashalme hervor (und ein einzelnes Löwenzahnblatt). Der Duft des Sommers nistete noch über den Dächern, die aufflatternde Wäsche an der Leine mahnte zur Vorsicht.

Eine Frau mit blau geblümtem Kopftuch summte ein Lied, wenn sie die Wäsche abnahm. Dabei sah sie an manchen Tagen das eine oder andere Hemd an, als wäre es ihr fremd (ein Kuckuckshemd). Ihre Lippen kräuselten sich in diesen Augenblicken, und manchmal schüttelte sie den Kopf. Mona liebte es, die Frau zu beobachten. Manchmal gab sie der Frau mit Zwergenstimme Anweisungen, kleine, beinahe unhörbare Befehle. Wenn sie synchron zu den Bewegungen der Frau waren, jubelte sie kurz auf, ein Hochgefühl stellte sich ein.

**Goldene Träume**

Es war immer derselbe Traum, der sich fortsetzte, Nacht für Nacht, wie die Wellenbewegung auf einem Gewässer, nachdem man einen Stein auf die Oberfläche geworfen hat: Weiter und weiter zogen sich die Ringe von innen nach außen, von innen nach außen, von innen nach außen, sodass man ganz schwindlig wurde beim Zusehen.

Im Traum war Mona ein Mensch, der ununterbrochen in die Sterne schaute und trotzdem jede Nacht dasselbe am Himmel erblickte; wenn sie die Augen schloss, sah sie den schwarzen See, den Ententeich, den langen Steg, der weit in das Gewässer reichte (bis zur Mitte des Sees, ein schmaler Weg ins Nichts).

Und am Kopf des Stegs: das Bootshaus in der Dunkelheit, in dem an den Sonntagen der Entenrat tagte.

Im Bootshaus geschahen grauenvolle Dinge, da wurden Menschen gequält. Menschen, die Mona nahestanden. Das Grauen ließ sich leichter ertragen, wenn man es beim Namen nannte, also stand Mona im Traum auf dem Steg und schrie, damit das Grauen Abstand nahm von ihr, und immer, wenn sie über die Bretter zur Mitte des Sees lief, wurde sie von peinigenden Gedanken verfolgt, bis sie sich irgendwann auflöste. Dann sah man nur noch ein einsames Boot auf dem See treiben, das letzte Bild im Film, schwarzweiß, und ein Blitz schlug ein – Ende (des Traums).

War das das Ende?

Auch in den folgenden Nächten wurde die Repeat-Taste gedrückt, so lange, bis Mona sich fragte, wann die Taste endlich kaputtgehen würde vom vielfachen Drücken, denn sie konnte das Skript des täglichen Albtraums längst mitsprechen, jede Szene synchronisieren und jede Gefühlsregung.

Irgendwann hatte Mona so oft vom Entensee-Grauen geträumt, dass sie nicht mehr aufschrie, weil es am Ende immer gleich war, weil es immer mit dem Boot und dem Blitz endete und dem Verschwinden einer geliebten Person, in jeder Nacht, für viele Wochen.

Und an einem scheinbar beliebigen Abend ging die Repeat-Taste dann doch kaputt, sodass Mona nie wieder vom Entensee und den Gräueltaten träumte, die im Bootshaus vonstattengingen, und als die Repeat-Taste längst kaputt war, da setzte in ihr ein Vergessen ein.

## VERDRAHTUNGEN

Es ist Herbst. Einige Strommasten in der Ferne imitieren die kahl werdenden Bäume, sie stehen in unmittelbarer Nähe zum angrenzenden Wald, bilden dessen Fortsetzung. Ich schaue abends aus dem Fenster, auf die Strommasten und die Bäume, in der Dämmerung scheinen sie eins zu werden.

Die Nächte sind der schlimmste Teil der Woche, ich fürchte die Träume, die mich heimsuchen könnten. Ein Mensch ohne Schlaf ist zu allem bereit, und um die Tage durchzustehen, trinke ich viel Kaffee. Meine innere Unruhe ist kaum im Zaum zu halten, die Übermüdung treibt ihr Unwesen, und ich werde demnächst platzen, so viele ungesagte Worte stecken noch in meinem Körper fest. Sabine schläft fast immer vor mir ein, ihr Schnarchen macht mich aggressiv. Manchmal möchte ich ihr ein Kissen aufs Gesicht drücken, doch immer zwinge ich mich, liegen zu bleiben und nichts dergleichen zu tun. Gestern haben die Schwestern mein Wachsein entdeckt, haben mir eine Tablette gegeben, damit ich in der Nacht etwas Erholung finde.

Nun fühlt sich alles in mir erschöpft an, wie nach einer beschwerlichen Reise, die Arme hängen hinab, doch diese Schlaffheit schafft Ruhe in meinem System. Die großen Gefühle sind den kleinen gewichen und einer gewissen Gleichgültigkeit, die man fast schon Zufriedenheit nennen könnte: Sie ist ein Fernbleiben von Schmerz.

**Wetter**

Es war im Oktober, die Sonne legte sich in sanften Pastellfarben über die Anlage der Autonomen Nachbarschaft, Schatten gruben Täler und schufen Anhöhen. Der Winter nahte, Winter war tödlich, ein langsames Sterben zum Jahresende. Mona lief auf direktem Weg zum Haus des Bären, klingelte, doch niemand öffnete, also holte sie den Schlüssel aus dem Versteck hinter der japanischen Azalee hervor, sperrte auf, *Hallo, ist jemand zu Hause,* ging zum Familienplaner. »Natascha« stand in der Spalte zum heutigen Tag, und als Mona das Zimmer der Tochter betrat, das Zimmer, in dem sie so oft geschlafen hatte, lag auf dem Boden schmutzige Kleidung, farblich sortiert, in Haufen; und auf dem Bett ein geöffneter Koffer. Sie fühlte sich schlagartig unwillkommen und fremd, versuchte, den Keim des Zweifels mit einem Glas Wasser hinunterzuspülen, machte sich auf die Suche nach dem Bären und fand die Familie im Gruppenraum des Nebengebäudes, wo ein kleines Fest zu Ehren der Zurückgekehrten stattfand.

Das Mädchen sah etwas jünger aus als auf den Fotos, doch Mona erkannte sie sofort. Mona stand im Eingangsbereich, und als sich ihre Blicke trafen, wirkte Natascha irritiert. Sie wandte sich ihrer Mutter zu, die links neben ihr saß, und fragte etwas, während sie Mona nicht aus den Augen ließ. Hannah deutete daraufhin auf Mona und antwortete etwas, doch niemand bat Mona herein, obwohl man sie längst bemerkt hatte. Sie konnte nicht einfach ungesehen verschwinden, doch Zweifel kamen auf, drängten zielstrebig nach oben, Mona konnte das Gefühl, unerwünscht zu sein, nicht abschütteln. Die Enge war kaum zu ertragen. Langsam ging sie rückwärts, drehte sich schließlich um und lief nach Hause. Den Schlüssel hatte sie versehentlich mitgenommen, und im Laufen spürte sie Tränen über Wangen und Hals rinnen.

Im Haus der Tante angekommen, fand sie Helga im Wohnzimmer vor. Sie schien Mona nicht wahrzunehmen oder tat jedenfalls so, saß in ein Buch vertieft auf dem mit Rosen bestickten Sofa, das schummrige Licht ließ ihre Konturen von hinten leuchten.

**Letztlich scheitern wir**

Nach einer weiteren Sitzung mit der Doktorin kehrte Mona entmutigt zurück in ihre Dachgeschosswohnung. Die Abendessen mit der Tante waren so anders als jene in der PRIMKRU, hier dehnte sich das Schweigen aus bis zum Ersticken und das Kratzen des Bestecks auf den Tellern wurde unerträglich laut (weil es das einzige Geräusch im Raum war).

Bei jedem Abendessen wurde Mona klar, dass sie allein war auf der Welt, dass sie dabei innerlich auseinanderzubrechen drohte; da bemerkte sie, dass es nicht mehr ausreichen würde, täglich eine Runde zu gehen, die Doktorin zu sehen oder die Insekten auf der Tapete zu zählen. Was ihr blieb, war die Angst, verlassen zu sein, die innere Leere für immer behalten zu müssen, eine Leere, die sich in ihr ausbreitete wie eine Krankheit.

### Junischnee

[Anfang]
Wenn der Mut an seinem Anfang steht
und
die Angst ihr Ende sieht
und
wenn du nicht aufhören kannst
zu suchen

Wenn du dann endlich findest,
(weil du schon lange genug am Ende bist)
[Ende]

Im Sommer berührt sich die Welt an ihren Enden. Der Junischnee fällt zur falschen Zeit, dann sehen alle auf die Uhr und sagen, *Es ist doch noch zu früh!*, so werden sie ganz murmelig wegen der Verschiebung, bis jemand erkennt, dass es nur Pappelblüten sind – diese kleinen pelzigen Kügelchen, kein Schnee, nur Pappelblüten (von denen man nicht weiß, ob sie weich sind oder klebrig).

## Zwei Töchter

Mona machte sich auf den Weg in die Autonome Nachbarschaft. Der Bär bot ihr eine Tasse Tee an. *Gut, dass du hier bist, wir wollten ohnehin mit dir reden,* sagte er.

Sie hörte das Geräusch eines Schlüssels in der Eingangstür, das Mädchen kam herein, hinter ihr Hannah. Natascha trug einen bunten Rucksack und grüßte leise. *Es ist so,* sagte der Bär, dabei rührte er in seiner Tasse um, *du warst in letzter Zeit ziemlich oft hier, und deine Besuche freuen uns auch. Doch im Moment ist es recht stressig bei uns, da werden wir nicht mehr so oft Zeit haben, jetzt, wo Natascha zurück ist. Und wir würden dich bitten, vorher anzurufen, statt einfach hier aufzutauchen.*

Hannah setzte sich zu den beiden an den Tisch, das Mädchen ging in ihr Zimmer. *Was Anton sagen möchte, Mona – es tut uns leid, aber du kannst nicht mehr bei uns übernachten, Natascha ist wieder da, du weißt ja, wie das mit der Wohnraumverteilung ist, wir haben nur ein Kinderzimmer. Du hast dich mittlerweile sicher gut eingewöhnt in der Stadt, jetzt bist du schon einige Monate hier. Ich denke, wir haben dir eine gute Starthilfe gegeben, doch ab jetzt müssen wir die Treffen einschränken. Die anderen haben uns in der letzten Sitzung daran erinnert, dass Oase-Fremde nicht einfach ohne Gemeinschaftsbeschluss hier ein und aus gehen können. Das betrifft vor allem dich, Mona, es tut uns leid.*

In Monas Beinen und Fingern fing es zu kribbeln an, als gehörten sie nicht mehr zu ihr, *Also bin ich hier nicht mehr erwünscht,* sagte sie leise. *Es ist einfach an der Zeit, dich in dein eigenes Leben zu stürzen,* sagte der Bär und lächelte dabei aufmunternd. *Das ist doch aufregend – du kannst nun überlegen, wie du alles in Zukunft gestalten möchtest.*

*Ich möchte so oft wie möglich bei euch sein,* sagte sie, *seit ich die PRIMKRU verlassen habe, fühle ich mich verloren, ich gehöre zu niemandem, jeder hat seine eigene Familie, nur ich bin allein. Bei der Tante fühle ich mich nicht zu Hause, ich dachte, ihr nehmt mich auf.*

Der Bär tätschelte Monas Handrücken, *Aber Mona, wir sind nicht deine Familie. Wir können dir nicht geben, was du suchst,* sagte er. *Rede noch einmal mit deiner Tante, sprich offen über deine Gefühle, du wirst sehen, dass sich alle Probleme durch klare Kommunikation lösen lassen.*

**Dein Raum**

Dein Raum ist auch mein Raum.
Dein Raum hat Briefe, Gedichte und Aufnahmen.
Dein Raum wird aufgezeichnet, protokolliert.
Ich werde deinen Raum nicht aufgeben.

**Auf dem Weg ins Freie**
*wird alles vergehen,* sagte Anton Grubner zu seiner Frau am Telefon, *die Kopfschmerzen und die Müdigkeit.* Es war schon spät, zu spät, um heimzukommen von der Arbeit, er nahm also seinen Rucksack und ging durch die Gänge, kehrte bei den Toiletten wieder um, lief zurück, sperrte die Bürotür auf, das Schreibtischlicht brannte noch, er knipste es aus.

Die Kälte des Abends lag schon auf der Straße, der Schneerest knirschte unter Antons Stiefeln, die Tram klingelte ein Auto weg, jemand schimpfte, die Stadt schlief noch nicht. Da stand wieder Mona, stand in einer Einfahrt, er wollte sich keine Gedanken machen darüber, aber dieser Ausdruck, die Verschlossenheit des Mädchens, die ließen ihn doch nicht ganz los, sie machte ihm Angst mit ihrer Anhänglichkeit. Er beschloss, so zu tun, als habe er sie nicht bemerkt, er war zu müde, um sich heute mit ihr auseinanderzusetzen, vielleicht würde er das Mädchen in den nächsten Tagen anrufen und fragen, wie es ihr gehe, sie hatten in den letzten Wochen wenig Zeit für Mona gehabt; die Riemen des Rucksacks drückten auf seine Schultern – sie vergingen nicht, die Kopfschmerzen (und die Müdigkeit, die Müdigkeit blieb ebenfalls).

Er stieg ein in die Tram, quetschte sich in die Menge …
*Resselgasse*
*Kärntner Ring/Oper, umsteigen zu den Linien 2A, 4A, 59A, 71 und D*

… döste ein wenig …

*Hintere Zollamtstraße, umsteigen zur Linie O*

**gedicht für 1 haltestelle**

mann an 1 haltestelle wartend
an die leere straße denkend

gedanken an die leere straße
im kopf 1 wartenden mannes

und die leere straße
an die von 1 wartenden mann
an 1 haltestelle
gedacht wird

## Gerätschaften 1

Es war eine Herausforderung gewesen, die Bio-Mangos unbemerkt in den Garten des Bären zu schaffen, ohne die Kiste fallen zu lassen. Mona lief die Hausmauer entlang zum hinteren Teil des Gartens, das Gras unter ihren Fußsohlen war noch feucht von der Nacht, sie musste achtgeben, nicht auf Schnecken zu treten.

Sie trug die Mangos zu einem hölzernen Gartentisch, sortierte sie mehrfach um, bis sie optimal angeordnet waren, dann machte sie eine Rast auf der Gartenliege und nickte für einen Moment ein. Als sie erwachte, war es schon hell, und Mona war steif von der Kälte, sie konnte sich kaum bewegen. Da erinnerte sie sich an den Brief, sie rollte ihn zusammen und steckte ihn zwischen die Mangos. Sie verließ das Grundstück auf demselben Weg, auf dem sie es betreten hatte, und wartete hinter einer Hecke auf das Erwachen des Bären.

## Sein Haus

Der Bär sagte, das sei sein Haus, seine Gemeinschaft, die Tante sagte, in ihrem Haus könne Mona vorerst bleiben, doch sie wusste, dass man sie nirgends behalten wollte. Die PRIMKRU war ihr Heim gewesen, beengt, unfrei, doch sie kannte die Regeln. Nun waren die Regeln unklar, es kam in der Oase zu ihrem unfreiwilligen Exodus, sie wusste nicht, was sie falsch gemacht hatte, warum man sich plötzlich gegen sie entschieden hatte.

Mona wollte sich entschuldigen, den Bären umstimmen, kaufte Geschenke, legte sie in den Vorgarten, hoffte, ihn zu überzeugen; sie legte Zettel bei, in denen sie beteuerte, dass sie sich einfügen könne, ein vollwertiges Mitglied sein könne, die Oasen-Mitglieder sprächen doch immer von Zusammenhalt und Gemeinschaft; davon, dass man helfen müsse, wenn Not herrsche, Mona dachte, sie werde gemocht. Alle waren so freundlich gewesen.

Sie kehrte oft zurück in die Oase. Immer, wenn sie auf dem Hügel stand und über die Anlage blickte, erfüllte sie Sehnsucht, und wenn sie heimlich vor der Wohnung des Bären lungerte, durchs Küchenfenster blickte und der Familie beim Essen zusah, wollte sie das Mädchen ausradieren, sich an seinen Platz setzen, den Platz, von dem es Mona gestoßen hatte. Einmal erwischte Hannah sie vor dem Fenster, sagte, dass ihr Monas penetrantes Verhalten Angst mache, und wenn sie noch einmal in ihrem Garten herumschleiche, werde sie die Polizei holen. *Das ist doch nicht normal, Mona, du musst uns endlich in Ruhe lassen!*

Doch Mona konnte nicht anders, sie fühlte sich fremd in der Stadt.

*Mona – ab und zu auf Besuch zu kommen, wäre für uns in Ordnung gewesen, aber deine Anwesenheiten hier haben sich gehäuft, du warst mehr bei uns als in deinem Zuhause. Seit wir dir gesagt haben, dass wir das einschränken müssen, stromerst du heimlich herum – und denkst, wir bemerken es nicht. Wir sind ein Kollektiv, es ist immer eine*

*Gruppenentscheidung, wenn wir neue Mitglieder aufnehmen, selbst bloße Gastmitglieder. Um ehrlich zu sein, gab es auch einige Stimmen, die dagegen waren, dich hier ständig bei uns zu haben, manche Leute haben ein bisschen Angst vor dir. Und dass du hier herumschleichst, macht es nicht besser!*

*Damals, als Natascha weg war, hat euch das nicht gestört!*

*Mona, bitte akzeptiere es – jetzt ist es nun mal so. Selbst, wenn wir wollten – wir haben gar keinen Platz für dich.*

Der PRIMUS meinte vor langer Zeit, Mona könne Königin sein, sie sei etwas Besonderes, doch außerhalb der PRIMKRU schien das niemand zu erkennen.

**Anknüpfen**

In diesem Haus mussten die Kinder ihre Schuhe ausziehen und in Strümpfen laufen, weil sie die Nachbarn sonst beim Leben störten. Gerade an den Abenden war Stille das oberste Gebot, da hatte man sich ausschließlich flüsternd zu unterhalten (und dieses Flüstern würden sich die Kinder nie wieder abgewöhnen können). Das war das Leben in der Stadt, es war Mona noch immer ein Rätsel, das Leben in der PRIMKRU war laut und ekstatisch und enthusiastisch an den Abenden, und wer sich nicht bemerkbar machte bei den Darstellungen der eigenen Krankheit, der hatte sich in Therapie zu begeben.

In diesem Haus war Mona vor einem Dreivierteljahr angekommen, einem alten Haus in einer sauberen

Straße mit einigen Kastanienbäumen, und wenn sie aus dem Fenster sah, leuchten die Baumkronen in der Sonne wie ein Fackelzug (so musste das Königreich aussehen, von dem in der PRIMKRU immer fantasiert worden war).

Manchmal fühlte sich Mona so unerträglich einsam in diesem Haus, dass sie sich ein anderes Selbst suchte, das sie ausleihen konnte; dazu beobachtete sie eine Person in unmittelbarer Nähe, zum Beispiel die junge Nachbarin mit den langen schwarzen Haaren und den hohen Schuhen, die Nachbarin mit den kleinen Taschen und den großen Ohrringen. Sie versuchte, alle Bewegungen nachzuahmen, und fragte sich in jeder Situation, die eine Entscheidung verlangte: *Was würde die Nachbarin nun tun?*

Im Körper der Nachbarin lief sie die Straße hinunter und weiter zum Donaukanal, der immer Möglichkeiten bot, in Kontakt zu kommen, da lagen oder saßen die Männer auf Bänken und schienen nur darauf zu warten, mit Mona anzubandeln, ihr wieder einen Körper und ein Selbst zu geben, die Männer, die tagsüber auf den Bänken am Donaukanal schliefen; und Mona hatte schon in der PRIMKRU gelernt, dass Sexualität die innere Krankheit zu heilen vermochte.

**Dein Raum ist auch mein Raum**
Ich habe gelernt, in ihm zu Hause zu sein, mich in ihm wohlzufühlen.
Dieser Raum ist dein Leben, du hast mich entfernt.
Dieser Raum ist dein Geruch, deine Stimme. Dieser Raum ist dein Körper.
Ich werde diesen Raum abtragen.

## Gerätschaften 2

Er stand auf den Stufen zu seiner Haustür, erhöht, doch diese Position nützte ihm nichts, nützte nichts gegen die vielen Tüten und Säcke, die Geschenke, die Berge von Bio-Seife, die Pakete mit Waschnüssen, die Dosen mit eingelegtem Gemüse, Paprika und Pfefferoni. Da fanden sich Kichererbsen, Brot, Schokoladen-Cookies, Kartoffeln, Karotten, Mangos. *Wie konnte sie das alles herbringen,* war sein erster Gedanke, er wollte am liebsten zurück ins Haus gehen und den Tag, der noch so jung war, rückwärts laufen lassen, auf Pause oder Stopp drücken, oder auf Rewind, er wollte rückwärts ins Haus gehen, seine Aktentasche unter den Spiegel im Vorzimmer legen, seine Schuhe ausziehen und den Mantel (der Winter saß schon auf den Dächern), auf der Suche nach einem Schuhlöffel in einen Streit mit seiner Frau geraten, in die Küche gehen, wollte vom Tisch aufstehen, beim Kaffee sitzen, das Radio leiser stellen, das seine Tochter zu laut gedreht hatte, seine Tochter nach ihrem Schulausflug fragen und seiner Frau sagen, dass sie heute sehr schöne Ohrringe trage, die Kaffeemaschine betätigen, die Tasse aus dem Glasschrank nehmen (und sich daran erinnern, dass die Anordnung der Tassen und Gläser ein interessantes Muster im Schrank erzeugte), wollte die Stufen rückwärts hochgehen, sein Gesicht feuchttrocknen, sich den Rasierschaum abwaschen, sich rasieren, den Rasierer nehmen, Zähne putzen, die Strickweste abstreifen, die Krawatte lösen, das Hemd ausziehen, die Hose, die

Socken, die Unterhose wechseln (die gebrauchte neben dem Bett vergessen), wollte den Schlafanzug vom Kleiderständer neben dem Bett nehmen, den Wecker aufdrehen, sich umdrehen und dabei an den Haaransatz greifen, die Augen reiben, wollte die Decke hochziehen, nach seiner Frau tasten (und nur einen leeren Platz vorfinden), den Wecker hören, schlafen.

Uff.

Er wünschte sich, dass die Geschichte an diesem Punkt anhielte oder die Szenen überspränge, doch im wahrhaften Leben ging das nicht, deshalb stand er nur da und hypnotisierte die Tüten und Säcke (die Berge von Seife). Auch ein Kuvert lag obenauf, es lag immer ein Kuvert obenauf, *Vermutlich wieder ein Gedicht oder ein Brief,* dachte er und verstand nicht, warum Mona nicht endlich verschwinden konnte. Warum hinterließ sie all diese Sachen in seinem Garten? Er bereute es, sie jemals zu sich nach Hause genommen zu haben.

*Bist du noch nicht weg,* hörte er Hannahs Stimme aus dem Haus. *Nein,* murmelte er und erschlaffte, erschlaffte von den Schulterblättern abwärts, bis in das Fußgewölbe zog es sich, und schließlich sackten die Knöchel leicht nach innen (eine Disposition, die er schon seit seiner Kindheit hatte, nun verstärkt), er fühlte sich müde und kraftlos, zu kraftlos, um noch etwas zu unternehmen, geschweige denn, um in die Arbeit zu fahren, den Tag so fortzusetzen, wie es vorgesehen war, zu müde, um wütend zu sein, so stand er nur da, bis seine Frau irgendwann hinter ihm auftauchte und auf die Gerätschaften und Geschenke starrte, ebenfalls erhöht (doch diese Position nützte ihnen nichts, nützte nichts gegen die vielen Tüten und Säcke, die Geschenke, die Berge von Seife).

**Schweigen**
Manchmal es ist besser, nichts zu sagen. Ich habe dir vieles nicht gesagt, dich ewig nicht getroffen, du entziehst dich; ich habe erkannt: Damals, als ich so oft bei euch war, sahst du letztlich doch nur durch mich hindurch, an deiner Zigarette saugend (du wolltest mit einem Zug zum Ende kommen).

Zwischen uns sind noch so viele ungesagte Worte – zwischen uns sind diese Zwischenräume, von Reue geformt, und ich kann sie spüren.

Nun beobachte ich dich heimlich.

Am Vormittag sehe ich dich oft an der Hecke neben deinem Bürogebäude stehen. Dort bist du immer zur selben Uhrzeit, wenn die Morgensonne den Himmel in Rot-Blau-Schattierungen taucht. Du stehst von Montag bis Freitag an der Hecke und rauchst. Ich verstecke mich hinter einem nadeligen Gebüsch mit roten Beeren, frage mich, ob ich mich überhaupt verstecken müsste, weil ich für dich unsichtbar geworden bin.

*Wieso haben Sie ihn nicht darauf angesprochen?*, sagt die Doktorin, ich schaue ihr nicht ins Gesicht. *Ich rauche nicht,* sage ich (was zumeist wahr ist).

Die Straßen sind voll Puderzucker, ich klebe an deinen Schritten. Manchmal hebe ich meine Hand und presse die Finger aneinander, halte die Handfläche gegen die schwache Wintersonne, suche nach dem Licht, das mein Fleisch leuchten lässt. Die Äderchen erzählen mir von früher, ich höre sie im Wind wispern.

*Warum meidest du mich, Bär,* will ich zu dir sagen, doch ich bleibe immer hinter der Hausecke stehen.

## DER SCHREI

*Ich hatte einen Traum, mir träumte vom Meeresgrund,* sage ich. *Ich stieg hinab in das blaue Reich, in dem die Wände schalldicht waren, wo alle Bewegungen leicht versetzt stattfanden. Unten sah ich das Mädchen, angekettet an einen Felsbrocken, sie streckte die Arme nach mir aus, wollte nach mir greifen, ihr Gesicht verzerrt zum Schrei.*

*Was haben Sie dann getan?,* fragt die Doktorin. *Ich kam näher,* sage ich, *und als sie mich umklammerte, legte ich ihr den Seidenschal um den Hals, ich zog ihn immer fester, bis ihre Arme von mir abließen und der Körper reglos im Wasser trieb. Als ich aufwachte, stand Sabine neben meinem Bett und starrte mich an. Sie macht mir Angst.*

### Missionen

Beim Bären zu Hause gab es nur einen Geruch, jenen nach Lavendel. Es war Nacht, Mona hatte sich mit dem Reserve-Schlüssel, den sie versehentlich mitgenommen hatte, Zutritt zur Wohnung verschafft. Es würde dauern, bis sich ihre Augen an die Dunkelheit gewöhnten, sie setzte jeden Schritt mit Bedacht, um die Stille nicht zu durchbrechen. Sie war auf der Suche nach einem Gegenstand, der nach dem Bären roch, nicht nach Lavendel: einen Pullover, einen Kamm (vielleicht den Bartkamm?), ein Hemd. Schuhe schieden aus, die neigten immer dazu, den Körpergeruch zu verfremden, wie Nachos mit gelber Käsesoße stanken sie. Mona war aufgeregt, als hätte sie eine Mission, eine

Prüfung vor sich – ein nächstes Level, das durchlaufen werden musste:

*1. Der nächste Feind*: ein kleiner Hund, den Mona noch nie gesehen hatte. Er musste Natascha gehören, hob zu schrillem Gekläffe an und sprang an Monas Bein hoch (sie sah sich genötigt, ihn in die Toilette zu locken und dort einzusperren).

*2. Die nächste Hürde*: Der Holzboden ächzte, sie versuchte, sich so leise wie möglich fortzubewegen.

*3. Magische Gegenstände*: Mona entdeckte auf der Kommode einen Taktstock (wozu brauchte der Bär einen Taktstock?). Es war ein wunderschön-filigraner Gefährte, den sie einsteckte.

Sie holte ein Buch aus dem großen Regal im Wohnzimmer, eines über die kleinen, krummen Bäume, die der Bär so liebte; auf dem Buchdeckel stand *Wilde Gartenwunder*. Weil nun eine Lücke im Regal klaffte, hinterließ Mona an der entsprechenden Stelle eine Ausgabe von *Die Hölderlin Ameisen. Vom Finden und Erfinden der Poesie*. Dann setzte sie ihre Suche fort. Den Hund hörte man nur noch leise bellen. Die Dunkelheit hatte mittlerweile etwas nachgelassen, und sie fand den Wäschekorb in der Ecke zum Schlafzimmer. Mona hob den Deckel an und durchsuchte die Kleidungsstücke nach einem Souvenir, doch sie hatten alle bereits den Geruch nach Lavendel angenommen.

## EIN RAUM HAT FARBE

Nein sagen zu Blau, Nein sagen zu Rosa, vor allem Nein zu rosa Polstermöbeln. Nein sagen zu grünen Kissen und weißen Hüllen (immer ein Kissen zwischen mich und die Welt bringen), und nein sagen zu den Streifen des Zebras auf dem Plakat im Raum der Doktorin.

*Lassen Sie uns über Natascha sprechen,* sagt die Doktorin. *Ich glaube, Sie sind jetzt so weit.*

*Was wollen Sie hören? Sie hat mir alles genommen. Es gab nicht genügend Platz für uns beide in der Oase.*

**Aufnahme 1**

*Erste Einstellung*: Er sah sich selbst – Anton Grubner, leicht nach vorne gebeugt. Ein Mann um die vierzig, der sich von seiner Frau verabschiedete. Eine Aktentasche unter der Achsel, das karierte Hemd in der Hose, er gab seiner Frau einen Kuss auf die Wange, das Haar hatte sie zu einem lockeren Dutt aufgesteckt. Unschärfe im Bild durch die Bewegung.

*Zweite Einstellung*: Er sah sich selbst in der Küche, den Rücken der Frau zugewandt, die sich über ihre Skizzen beugte. Zwischen ihnen klaffte eine Lücke.

Unschärfe im Bild: Durch eine schnelle Kopfbewegung fand sich ein gespensterhaftes Oval über seinem Rumpf, vermutlich ein Arm.

*Dritte Einstellung*: Zu sehen war ein grüner verschwommener Fleck auf dem Bild, der Rhododendron vor der Linse war mit etwas Fantasie zu erahnen. (Die hinabfallende Kamera feuerte noch einen letzten Schuss ab, bevor sie auf dem Boden aufschlug.)

**Der Raum hat seine Grenzen**

Fast alles kann Grenzen machen im
Raum:
Der Körper. Die falsche Zeit. Der fal-
sche Ort. Die Zuversicht. Der feh-
lende Glaube.
Der richtige Abstand. Das Geschrei
von Kindern, auf dem Spielplatz. Die
kargen Baumwipfel. Nackte Äste
im Herbst.
Der letzte Sonnenstrahl.

Der Raum kann sich ausdehnen.
Der Raum kann sich zusammenziehen.
Wenn der Körper ankommt, endet der
Raum.

**Grenzen:**

**Die Grenze des Körpers**
Der Körper sammelt, er nimmt alles in sich auf: Wasser, Nahrung, Flüssigkeiten, Umgangsformen, Worte, Eindrücke, die Zeit.
Die Grenze des Körpers ist durchlässig, eine zarte Membran.

**Die Grenze guter Eigenschaften**
Wenn die Tage so träge länger werden, dass es kaum spürbar ist (spürbar wird es erst in zwei, drei Wochen sein), wenn du dich umdrehst, weil du mich in deinem Rücken spürst, wenn du dann trotzdem deinen Weg fortsetzt, bis du vor deiner Haustür stehst, wenn du keinen Blick zurückwirfst, obwohl ich da stehe und dir winke, wenn du deine Familie mit *Ich bin zu Hause* begrüßt und dir deine schweren Schuhe mit den dicken Sohlen von den Füßen streifst, wenn deine Tochter dich nicht bemerkt, weil sie vor dem Fernseher sitzt und irgendeine Serie in sich hineinsaugt, wenn du in die Küche gehst, wo Hannah an ihren Skizzen arbeitet und du dich fragst, ob sich das Modell, das vor ihr auf dem Tisch steht, in den letzten Wochen überhaupt verändert hat, wenn du ihr einen Kuss auf die Wange gibst, den sie mit einer flüchtigen Geste beantwortet, wenn du im Kühlschrank nach etwas Essbarem suchst, das

nicht nach Zwiebeln schmeckt, wenn du dich neben deine Frau setzt und ihr beim Arbeiten zusiehst, wenn du dich dann zurückziehst, um noch ein wenig zu lesen ... bin ich bei dir.
Ich bin dir immer nah.

**Der falsche Ort**

*KLICK.*

Sie setzten sich auf den Treppenabsatz vor dem Haus. Es war noch sehr früh, doch die Idee des Frühlings schon in den Baumwipfeln, die Wärme des Vortages strahlte noch aus dem Geäst. Die beiden Katzen strichen um ihre Beine, wie jeden Morgen, sie strichen um ihre Beine und hofften auf Streicheleinheiten (oder Futter).

*KLICK.*

Der Mann hielt eine Tasse Kaffee in der Linken (*KLICK!*) (*KLICK!*), das Mädchen hielt ihre angezogenen Knie in den Armen, so saßen sie da bei ihren Morgenritualen.

*KLICK.*

Mona war schon ein wenig steif vom langen Sitzen und hätte viel dafür gegeben, die Beine ausstrecken zu können, wenigstens ein bisschen; es raschelte, der Bär sah auf, sah zu ihr hinüber, Mona duckte sich weg.

**Das Revier**

Er warf den Hörer hin, warf den Ärger ab, er lief ins Vorzimmer, die Schuhe, der Mantel, die knallende Tür.

Er setzte sich ins Auto, fuhr zum Revier, er sagte, *Ich werde verfolgt, und langsam reicht es mir.*

Das Revier war ein abgeschlossener Bereich. Darin ein abgeschlossener Glaskasten. Hinter dem Glaskasten saß eine Polizistin und erwartete sehnsüchtig das Ende ihrer Schicht (man kam nicht umhin, sich zu fragen: War sie eingesperrt oder er ausgesperrt?).

Die Polizistin am Schalter kaute Kaugummi und sagte mit leicht gelangweiltem Tonfall, *Möchten Sie eine Anzeige erstatten?* Er sagte, *Ich weiß nicht, ich will einfach, dass das aufhört.* Sie sagte, *Sie müssen sich schon entscheiden.* Er sagte, *Na gut, eine Anzeige.*

*Ich brauche Ihren Ausweis, und bitte, fangen Sie von vorne an.*

Er sprach, sie nahm seine Daten mit der Schreibmaschine auf, das alles dauerte sehr lange, er wurde erst wütend, dann müde, dann erschöpft, es zermürbte ihn, all das zermürbte ihn.

Irgendwann hatte er nichts mehr zu sagen und sie nichts mehr zu tippen (dann warteten sie einträchtig auf erfolgreiche Kommunikation mit dem Fax).

*Möchten Sie mit der Opferberatung sprechen?,* sagte die Polizistin nun. *Ja,* meinte er, er war schon so müde, er hätte alle Fragen mit *Ja* beantwortet.

Die zuständige Polizistin der Opferberatung war empathischer, bemüht, eine Lösung zu finden, sie sagte, *Wir können es mit einer einstweiligen Verfügung versuchen.*

*Das Mädchen ist völlig verrückt, sie braucht vermutlich Hilfe,* sagte er. *Sie taucht ständig vor meinem Büro und meinem Haus auf, manchmal schleicht sie im Garten herum und hinterlässt Geschenke und Briefe, hier habe ich ein Gedicht von ihr.*

*Oh, eine Poetin,* sagte die Polizistin.

**Aufnahme 2**

*Erste Einstellung*: Er sah sich auf den Stufen vor dem Haus sitzen, rauchend. Neben ihm eine Tasse Kaffee und seine Tochter. Ein Mann mit verträumtem Gesichtsausdruck oder bloß erschöpft, das konnte er nicht mehr sagen, er erinnerte sich nicht an diese Szene, sie konnte an jedem beliebigen Tag entstanden sein, denn er saß täglich mit seiner Tochter auf den Stiegen, trank Kaffee, rauchte, am Morgen.

*Zweite Einstellung*: Seine Tochter, die Haare zu einem Zopf gebunden, der ihr auf die rechte Schulter fiel. Sie hielt eine Keramiktasse in beiden Händen und sah zu ihrem Vater hin, der in seine Schnürsenkel vertieft war.

**Ohnmacht**

Anton Grubner hatte genug davon, er hatte genug von den Geschenken, dem auflauernden Mädchengesicht, er vermutete, dass Mona sogar an seinem Bücherregal gewesen war. Die Schlösser hatten sie längst ausgetauscht und in der Oase eine Warnung ausgesprochen, falls sie wieder auftauchen sollte, würde man sie wegweisen. Anton hatte mit seinem Anwalt telefoniert, eine einstweilige Verfügung erwirkt, doch er dachte insgeheim, *Ich möchte das alles nicht.*

*Die Verfügung wird ihr in Kürze zugestellt – sollte sie noch einmal in Ihre Nähe kommen oder in die Ihrer Familie, melden Sie das bitte umgehend der Polizei. Sie werden sehen, das schüchtert sie ein, dann ist das Problem gelöst.*

*Irgendwie tut sie mir leid,* sagte Anton Grubner, *aber es kann so nicht weitergehen.*

## GEISTERSTUNDE

Nachts klopft es an unsere Tür, Sabine gibt ein Grunzen von sich, dreht sich um, ich höre das Rascheln ihrer Bettwäsche. Ich liege starr da, wer würde uns besuchen um diese Zeit? Das Personal dreht seine Runden, doch die Schwestern sind immer leise, wecken nicht, sehen nur nach dem Rechten. Ich stelle mir vor, wie der Tod vor der Tür wartet, höflich klopfend, um mir eine letzte Ehre zu erweisen. Wie er dasteht mit seiner langen Liste an Gründen, mich zu holen.

Ich stelle mir auch vor, dass ich mir das Klopfen nur eingebildet habe, dass es verschwindet, wenn ich mir stark genug einrede, dass mir meine Ohren einen Streich gespielt haben. Die Angst lässt mich erstarren, ich bin außerstande, etwas Vernünftiges zu tun, klug zu reagieren, wie ein Brett liege ich im Bett.

### Wenn der Körper ankommt, endet der Raum

*Hier ist der automatische Anrufbeantworter von Dr.in Anne Winterfeld.*

Mona legte auf, bevor das Signal ertönte. Das Gefühl der Enge hatte ein wenig nachgelassen, es ließ immer nach, wenn sie die Stimme der Doktorin hörte, und dann kehrte es wieder, da spürte Mona den

Drang, erneut anzurufen. Ihre Gefühle waren schwer zu zähmen, seit sie den Bären verloren hatte. Mona rief immer mit unterdrückter Nummer an und immer außerhalb der Praxiszeiten, sie wusste, dass die Doktorin sie sonst darauf ansprechen würde, sie würde sagen, *Mona, wir müssen darüber sprechen, wieso Sie ständig bei mir anrufen, Sie haben doch zweimal wöchentlich einen Termin. Gibt es einen Notfall?* Darauf würde Mona nur erwidern, dass sie Angst habe, die Doktorin könne außer Landes sein, die Doktorin könne sie verlassen haben, ohne Bescheid zu geben, Mona wolle sich nur vergewissern, dass sie demnächst wie gewohnt ihre Stunde habe, dass es die Praxis noch gebe, denn wer eine AB-Ansage mit Praxiszeiten habe, habe auch eine Praxis.

Mona suchte Orte auf, an denen viele Menschen waren, am einfachsten war es in Bars und Nachtlokalen. Die Männer dort schenkten ihr in der Regel Aufmerksamkeit. Wenn Mona ein Lokal betrat, gab es immer jemanden, der sie ansah, sie sah ihm in die Augen, setzte sich und wartete, bis der jeweilige Mann näherkam und sie fragte, was sie trinken wolle, sie sagte, *Dasselbe wie du,* weil sie die meisten alkoholischen Getränke nicht mochte, nur ihre Wirkung; und wenn der Mann mit der Bestellung zurückkehrte, tat sie es ihm gleich: trank schnell oder langsam.

Die Männer hatten oft Kosenamen für Mona, sie sagten *Schnecke* und *Süße* und *kleine Lady* zu ihr, und Mona ignorierte ihren schlechten Atem und das

Schwanken, wenn sie aufstanden, um sich zu ihr zu bewegen, sich an ihrer Hüfte festhielten. Die Männer wollten schnell mit ihr allein sein, sie sagten, *Lass uns doch rausgehen,* sie legten Mona den Arm um die Schultern und führten sie auf den Parkplatz, sie lehnten an irgendeinem Auto mit heruntergezogener Hose und drückten Monas Kopf sanft nach unten, schoben ihr ihren Penis in den Mund, und dann sagten die Männer, dass Mona *die Beste* sei und *geil.*

Mona hatte gelernt, was zu tun war, damit die Männer stöhnten, Mona wusste um die Macht ihrer Zunge (was die Männer nicht wussten: Mona hatte es früh gelernt).

Wenn die Männer sie wieder hochzogen und ihre Brüste massierten, war die Leere kurz weg, da fühlte sich Mona angefüllt und ausgefüllt und angenehm in sich ruhend.

**Der Raum kann sich zusammenziehen**

*Du hast Post,* rief die Tante aus dem Eingangsbereich, Post hatte Mona noch nie bekommen, in den Briefen, die Mona betrafen, ging es immer nur um Honorare der Doktorin oder behördliche Dinge, die der Tante zugestellt wurden.

Sie öffnete das Kuvert mit aufgeregten Fingern, zog das gefaltete Papier heraus. Der Briefkopf zeigte einen Adler mit der Inschrift JUSTIZ, daneben stand *Republik Österreich, Bezirksgericht Donaustadt.*

Darunter, fett geschrieben, zentriert:

## Einstweilige Verfügung gem. § 382d EO

Antragsteller war Anton Grubner. Mona verstand nicht, was das Dokument bedeutete, sie fragte Helga. Nachdem diese den Brief überflogen hatte, sagte sie, *Mona, was hast du getan?*

*Wie meinst du das,* fragte Mona. *Hier steht, dass du diese Menschen belästigst und sie nicht mehr kontaktieren darfst, du darfst keine Fotos machen, sie nicht treffen, nicht in ihre Nähe kommen, sie nicht anrufen. Mona, dieser Herr Grubner sagt, du würdest ihn verfolgen. Warum tust du so etwas?*

*Das glaubst du denen? Ich habe doch nichts Unrechtes getan!* Mona riss der Tante die Verfügung aus der Hand und sperrte sich im Schlafzimmer ein. Sie kroch unter ihre Decke und weinte, dann kam Wut hoch, wie konnte der Bär so etwas behaupten, daran waren nur Natascha und Hannah schuld, das wusste sie genau, sie musste dieses Mädchen loswerden. Mona hatte alles beobachtet in den letzten Wochen, kannte Nataschas Wege, sie würde dem Mädchen auflauern nach der Schule, sie in eine Falle locken. Wenn Natascha erst verschwunden war, würde Mona wieder einen Platz in der Oase haben, und der Bär wäre dankbar dafür, sie als neue Tochter willkommen zu heißen.

**Wir alle fallen.**

Der Körper ist nicht wiederzufinden im Gedicht.

## Der Raum kann sich ausdehnen

Es gab nicht viel, über das Mona selbst bestimmen konnte, nicht über die Tante, nicht über die Einsamkeit. Sie durfte die Oase nicht mehr betreten, der Bär hatte Abstand genommen. Die Machtlosigkeit warf lange Schatten an die Wand, Mona versuchte in einem ersten Schritt, Kontrolle über sich selbst zu gewinnen, legte sich auf den Boden, drehte das Licht ab, um den Körper noch ein wenig zu spüren, den sie so mitgebracht hatte an diesem Tag; wenn sie nichts aß, empfand sie Temperaturen intensiver, die Fingerspitzen waren sensibler, sie konnte durch den Hunger hindurchsehen. Sie mochte es, durch den Hunger hindurchzusehen, liebte die Macht über ihren Raum, die Kontrolle über ihren Körper.

Hier hatte nur sie das Sagen, sie allein entschied. Und bald würde sie ihren Plan in die Tat umsetzen, sie musste nur noch die nötigen Vorkehrungen treffen, die nötigen Besorgungen erledigen.

## Äste im Herbst

Mona startete ihre Erkundungstrips durch die Wälder rund um die Oase. Mächtige Baumkronen breiteten ihre kahl gewordenen Äste aus, als würden sie nacheinander greifen, als suchten sie Nähe für die kalte Jahreszeit. Mona hatte das Gefühl für Zeit verloren, so lange streifte sie schon durch die Gegend. In der Dämmerung wurde es rasch kalt, doch wegen der Restwärme, die untertags auf dem Boden herumlungerte, war Mona nicht warm genug angezogen. Sie fröstelte in ihrem Pullover.

Bei ihrer Rückkehr entdeckte sie eine kleine Hütte, unweit vom Stadtrand gelegen und doch verborgen. Sie war umwachsen von wildem Gebüsch, die Tür unverschlossen. Mona betrat die Hütte, der Boden knirschte unter ihren Schritten, es gab nur einen Raum. Es war dunkel, Mona spürte Spinnweben auf ihrem Gesicht, voll Ekel drehte sie sich um und stürzte hinaus. Sie würde sie bei Tageslicht erneut inspizieren, doch dieser Ort schien perfekt für ihr Vorhaben.

Wir ordnens. Es zerfällt.
Wir ordnens wieder
und zerfallen selbst.

**Aufnahme 3**

*Erste Einstellung*: Er sah sich im Doppelbett, schlafend. Ein Mann um die vierzig, der ein Kissen im Arm hält; daneben seine Frau, zur Seite gedreht, mit dem Rücken zu ihm. Auf seinem Gesicht Licht und Schatten, wie ein Fadenkreuz zogen sich Linien über seine Nase, seinen Mund.

*Zweite Einstellung*: Unschärfe, durch ein Fenster fotografiert. Zwei Menschen nebeneinander, die Aufnahme dunkel, schemenhaft, er erkannte keine Details.

*Dritte Einstellung*: Das Haus von außen, den Rosenbusch an der Wand, das Fenster zum Schlafzimmer. Die Holzbretter in vielen Schattierungen.

**Selbstversuch: Revier 2**

*Da können wir nichts machen, Sie könnten bestenfalls bei Gericht eine Geldstrafe verhängen lassen,* sagten die Polizisten, *uns sind die Hände gebunden.* Dabei schauten sie auf ihre Handgelenke. *In solchen Fällen sind wir machtlos, Sie haben ja schon eine einstweilige Verfügung erwirkt. Ignorieren Sie das Mädchen, dann wird sie damit aufhören über kurz oder lang.*

*Das hilft nicht,* sagte Anton Grubner, *Sie müssen doch etwas Effizienteres tun können, bevor Schlimmes passiert! Das Mädchen macht mir Angst. Immer wieder lauert sie uns auf.*

## BRIEFTAUBE

Manche Menschen hier erhalten regelmäßig Post, Sabine bekommt Karten von ihrem Bruder, fast jede Woche eine. Für mich ist selten eine Nachricht dabei, manchmal ein Gruß von der Tante im Telegrammstil – kurz und minimalistisch. Die Briefübergabe gleicht einer Zeremonie, manche der Insassinnen sind aufgeregt wie kleine Kinder vor einem Haufen Geschenke und rasend enttäuscht, wenn nichts für sie dabei ist.

Es ist ein trüber Donnerstagvormittag und der Blick aus dem Fenster täuscht Dämmerung vor, so grau hängt der Himmel über der Stadt. Ich beschäftige mich mit einem Kartenspiel, während die Post ausgegeben wird, und höre meinen Namen – heute ist auch für mich ein Brief dabei. Der erste Gedanken ist, dass der PRIMUS versucht, auf diese Weise Kontakt mit mir aufzunehmen, wer sonst sollte mir schreiben.

Kurz darauf sehe ich den Adler auf dem Kuvert, ich werde vorgeladen zu einem Gerichtsverfahren gegen Alfred Stern. Ich kenne diesen Namen nicht, frage mich, ob der Brief fälschlich an mich adressiert wurde. Ich frage die Doktorin, was das alles zu bedeuten habe, sie sagt, *Mona, man hat Paul gefunden. Wir haben den PRIMUS angezeigt, nun wird ihm der Prozess gemacht, Sie werden sehen, alles wird gut.*

*Muss ich ihm noch einmal gegenübertreten?*

*Das kann durchaus sein, doch ich werde Sie begleiten, machen Sie sich keine Sorgen. Das ist Ihre Chance, Gerechtigkeit zu erlangen.*

Ich bin unfähig, darauf zu reagieren, es überfordert mich.

**Das Geschrei von Kindern (drüben auf dem Spielplatz)**
Mona beobachtete Natascha aus dem Augenwinkel, sie saß etwas abseits auf einer Balkenschaukel. Ein Kind begann zu schreien, als Mona sich niederließ, es kreischte und wollte die Schaukel für sich allein haben. Die Mutter versuchte, es zu beruhigen. Der Lärm konnte Nataschas Aufmerksamkeit auf sie ziehen, also stand Mona auf und schlenderte mit ihrem großen Rucksack zu einem Gebüsch, wo sie alles gut im Blick hatte. Natascha saß mit zwei Freundinnen auf einer Sitzgruppe, Mona hoffte, dass es nicht lange dauern würde, bis sich die anderen beiden verabschiedeten, sie hatte Betäubungsmittel dabei, einen bunten Mix aus Schlaf- und Beruhigungstabletten, aufgelöst in Limonade, sie hatte ihre eigenen Medikamente gesammelt und aufgehoben. Kurz bevor es dunkel wurde, verabschiedeten sich die Mädchen, da trat Mona wie zufällig zu Natascha hin und fragte, ob sie kurz mit ihr sprechen könne, sie sagte, *Es tut mir leid, dass ich euch so belagert habe, ich würde mich gerne entschuldigen, traue mich aber nicht zu deinen Eltern. Ich glaube, sie sind mir böse.*

Natascha sah eindeutig unglücklich aus, wie sie zusammengesackt auf der Bank kauerte und nach einer Möglichkeit suchte, Mona schnell loszuwerden, *Ich glaube nicht, dass meine Eltern wollen, dass ich mit dir spreche.*

*Es dauert nicht lange,* sagte Mona, sie bot Natascha die präparierte Limonade an und setzte sich zu ihr. Für sich selbst hatte sie auch eine Flasche dabei, sie prostete Natascha zu. *Auf ex,* lachte sie, Natascha trank und Mona erzählte von der PRIMKRU, erzählte vom PRIMUS, sprach von der Einsamkeit in der Stadt und davon, wie viel ihr die Oase bedeutete. Mona war noch nie so ehrlich zu einem Menschen gewesen. Natascha hörte fassungslos zu, sie trank nebenbei die Limonade aus, gebannt von Monas Worten. Nach einiger Zeit begann sie zu würgen, *Mir wird übel,* sie sagte, *was hast du da hineingetan?,* sie krümmte sich vor Schmerz, und Mona nutzte ihre Chance. Sie sagte, *Ich bring dich mit dem Lastenrad nach Hause.*

**Ein Raum**

Ein Raum ist nicht nur ein Raum.
Der Raum hat Risse, hat Stimmen, der Raum hat einen Auftrag.

**Als man Mona nicht mehr sehen konnte** warf sie das Holzstück ins Gebüsch und fing an zu heulen.

Als man sie nicht mehr sehen konnte, versuchte Mona, sich noch einmal zu sortieren. Das Erbrochene und das Blut hatten sie aus dem Konzept gebracht, der Schaum vor Nataschas Mund. Sie wollte das Mädchen schnell erlösen, nicht quälen, und schlug deshalb mit einem Holzklotz auf ihren Schädel ein. Doch sie hatte mit weniger Blut gerechnet.

Als man sie nicht mehr sehen konnte und sie lange gelaufen war, machte sie eine Pause, sank zu Boden, spürte nun auch ihre Hände wieder, da waren sie, die Finger, die Nagelkuppen, an denen die krustig-klebrige Substanz eines fremden Körpers haftete. Ihre Finger zitterten, erst jetzt wurde ihr klar, was sie getan hatte. Sie hatte es gewollt – ja, sie hatte es mit Absicht getan, das Mädchen hatte ihr alles geraubt. Mona war ein Mensch, der nichts mehr zu verlieren hatte. Und dennoch …

Sie zwang sich aufzustehen und weiterzulaufen, dabei stürzte sie immer wieder, der Regen hatte den Boden völlig aufgeweicht, sie versank knöcheltief in der feuchten Erde. Mona wusste nicht, wohin sie sollte, es war dunkel, sie war völlig durchnässt, der Regen vermischte sich mit Schweiß und Tränen. Sie lauschte.

Mona überlegte, ob sie zurück zur Hütte kehren sollte, doch dort lag die Leiche des Mädchens.

**Der leere Raum**

Mona ging in einem leeren Raum auf und ab. Sie setzte sich auf den Boden, den Rücken an die Wand gelehnt; zog die Knie zur Brust, grub die Nase zwischen ihre beiden Knie (eine verlorene Geste).

Die beiden Männer sahen dem Mädchen dabei zu, wie es durch den Raum ging, sie sahen die roten Haare, die ausgehungerte Gestalt, die Füße des Mädchens wirkten zu groß. Der dickere der beiden Männer notierte etwas auf einem linierten Block. Der Rock war dem Mädchen hochgerutscht, die Beine nackt; mehr brauchte es nicht für eine gelungene Inszenierung.

**Die Personen (post scriptum)**

Der Raum ist meine Geschichte. Der Raum taugt
nicht zum Gedicht.
Wir können den Raum abbrechen.

## NACHTFALTER

Das Jahr stirbt langsam im Verlauf der Jahreszeiten. Im Frühling ist der Wald ein tausendstimmiger Chor, im Winter bleibt davon nur Stille übrig. In den Morgenstunden versinkt mein Blick aus dem Fenster im Nebel, die Gräser sind längst abgemäht und über den Boden legt sich eine kalte Watteschicht. Auch die Scheune ist kaum zu sehen, nur ihre Dachspitze ragt heraus. An den Anblick kann ich mich nicht gewöhnen, ich suche nach einem Ufer, das mir Halt geben könnte. Für Umkehr ist es zu spät. Ich stelle mir Paul und mich in der Hütte vor, sehe uns beide auf Stühlen sitzend oder kochend oder einfach nur dastehend, gemeinsam.

Am Abend lege ich das Kissen und ein paar aufgetürmte Kleidungsstücke unter die Decke. Ich habe es endlich geschafft, den Reif, der mich hier festhält, abzunehmen. Sobald sich die Nacht über die Station gelegt hat, werde ich flüchten, klammheimlich, ich kenne die Abläufe hier zur Genüge. Sabine hat die Station gestern auf offiziellem Weg verlassen, fürs Erste bin ich allein in diesem Zimmer, allein mit einem Nachtfalter. Mein Fehlen werden sie erst in einigen Stunden bemerken, bei den Kontrollgängen um Mitternacht.

Seit einigen Stunden erkundet der Schmetterling den Raum. Ich fühle mich genauso orientierungslos wie er, würde ihn gern ins Freie entlassen, doch die Fenster sind versperrt.

Meist, wenn ich die Augen schließe, kommen dieselben Bilder hoch: meine Hand, wie von Geistern geführt, auf das Mädchen einschlagend. Ich kann diese Bilder nicht verdrängen, vermutlich werde ich nie wieder die Augen schließen können, ohne von ihnen heimgesucht zu werden.

Die Anstrengungen des Nachtfalters werden immer nervöser, er fliegt zigmal gegen die Glasscheibe, versteht nicht, dass es kein Entrinnen gibt.

Irgendwann halte ich es nicht mehr aus. Ich nehme einen Schuh und erlöse ihn. Endlich kehrt Stille ein.

**Was wahr ist**

Du haftest in der Welt, beschwert von Ketten,
doch treibt, was wahr ist, Sprünge in die Wand.
Du wachst und siehst im Dunkeln nach dem Rechten
dem unbekannten Ausgang zugewandt.

## DIE FALSCHE ZEIT

Wir sitzen alle im selben Zug (und reisen quer durch die Zeit). Manche Stationen laden ein zum Verweilen, doch zumeist sieht man nur aus dem Fenster, sieht die alten Backsteinböden, die grünen Säulen mit den Ornamenten, sieht die cremefarbenen Wände, die schnörkelige Aufschrift, man sieht auf die Uhr, zählt die Zeit bis zum nächsten Ausstieg.

Bahnhöfe haben immer etwas Tröstliches an sich, so viele Menschen haben hier schon gestanden, so viele haben sich gelangweilt, haben gelesen, miteinander gesprochen, sich übereinander empört, sind in den Zug gestiegen und wieder hinaus. Das Potpourri menschlicher Interaktionen und Gedanken ist zählbar auf dem Bahnhof (Bahnhöfe sind wie Drehscheiben auf dem Weg in eine neue Zeit).

Fast alles kann Zeitpunkte markieren. Die tickende Uhr. Die Sehnsucht nach dem Danach. Überhaupt macht Sehnsucht viel im Leben aus.

Am Ende steht immer die Frage nach dem perfekten Timing, oft ist man zur falschen Zeit am falschen Ort. Nur heute ist alles richtig. Ich sehe Pauls Gesicht vor mir, und alles entspannt sich. Bald werden wir wieder zusammen sein, so stelle ich es mir vor.

Bald werden wir heimkommen.

## WAS FREIHEIT IST

Die Gleise ziehen sich tagsüber wie Sonnenstrahlen über die Landschaft und schimmern nachts im Mondlicht. In der Ferne scheinen sie sich zu berühren, doch ich weiß, dass das nur eine Illusion ist, sie werden sich nie berühren. Manchen ist Kontakt auf Erden verwehrt.

Ich denke daran, wie es in Zukunft sein wird, Paul und ich am Meer, Pauls Geruch auf meinem Körper nach der ersten Umarmung, dem ersten Wiedersehen, meine Hand von seiner fest umschlossen.

Ich stehe in der Mitte der Gleise und kann mich nicht fortbewegen, nicht einmal jetzt, wo ich die Wucht des Zuges schon kommen spüre. In mir sind so viele Stimmen.

*Es ist ein Loch im Raum. Die Leere ein kalter*
*Luftzug im Nacken.*
*Nackte Äste im Herbst. Der letzte Sonnenstrahl.*
*Es ist wie ein Tanz unter Wasser, ein Tanz auf dem*
*Meeresgrund, immer mit leichtem Delay.*
*Ein Mensch ohne Schlaf ist zu allem bereit.*

Da wusste ich, was Freiheit ist.

## Ex-Sektenführer zu 15 Jahren Haft verurteilt

### Selbst ernannter Guru schuldig gesprochen – Anwalt meldete Berufung gegen das Urteil an

*Eisenstadt* – Jahrzehntelang habe Alfred S. Menschen gegen ihren Willen festgehalten und sexuell missbraucht, heißt es vonseiten des Gerichts. Auch Drogenkonsum stand in der Sekte des selbst ernannten Gurus an der Tagesordnung. Nach einem zweijährigen Verfahren drohen Alfred S. nun 15 Jahre unbedingter Haftstrafe – das Urteil ist noch nicht rechtskräftig.

**Drogenkonsum und Körperverletzung**

Dem »PRIMUS«, wie Alfred S. sich selbst bezeichnet, werden Suchtgiftmissbrauch, Körperverletzung mit Todesfolge und Vergewaltigung vorgeworfen.

Doch der Sektenführer war schon vor dem Prozess kein unbeschriebenes Blatt: Schon als Jugendlicher war er aufgrund von Sittlichkeitsdelikten ins Visier der Justiz geraten, bislang jedoch nie verurteilt worden.

**Menschenversuche mit Todesfolge**

Fast 200 Menschen gehörten zuletzt seiner Sekte, die er »PRIMKRU« nannte, an. Im Laufe der Jahre hielt der Guru 47 Kinder und Jugendliche gegen ihren Willen fest und verhinderte den Kontakt zu ihren Eltern.

In der »PRIMKRU« fanden laut Staatsanwaltschaft Menschenexperimente statt, der Verurteilte habe seine Opfer unter Einfluss von Suchtgift manipuliert. Letztlich kam es sogar zum Tod eines 16-jährigen Buben, dessen Leiche im östlichen Burgenland gefunden wurde.

**Opfer unterstützen ihren Guru**

Auch Panikmache und Gehirnwäsche waren Teil des Alltags in der »PRIMKRU«, schildert die Psychologin Anne Winterfeld, die eines der Opfer bis zu dessen Selbstmord betreute. Mittel, die offenbar sehr lange Wirkung im Sinne des Verurteilten gezeigt hatten: Die Mitglieder der Gruppe unterstützten Alfred S. bis zuletzt. Auch er selbst beteuerte immer wieder seine Unschuld.

## DIE PERSONEN (post scriptum) - Dank

Allen voran danke ich Angelika Klammer und Clemens J. Setz für Engagement, Zuspruch und Zuversicht, für Wiese und Kraftfutter im richtigen Augenblick; Andreas Rötzer für seinen Glauben an mein Manuskript und dessen Umsetzung. David Frühauf für seinen unermüdlichen Einsatz und die Unterstützung im Feinschliff.

Ich bedanke mich bei Angela Endlicher-Strehl, die von Anfang an meine Wegbegleiterin war, und bei meiner Oma Elfriede Laaber, die in mir immer eine Schriftstellerin sah – ein altes Versprechen einlösend, widme ich ihr dieses Buch. Ich danke meinen Eltern – Eva und Gerhard Krammer – für ihren fortwährenden Zuspruch und ihre Unterstützung, meinem Bruder Florian und seiner Frau Monika (die das hoffnungsvolle Fame-Sammelregal aufgestellt haben).

Ich danke Flo Petautschnig, der den Zeitungsartikel über die Primkru mitverfasste und mich daran erinnerte, wie wichtig ein Hoffnungsschimmer am Ende ist. Patrick Hasler für seine Freundschaft und unzählige Gespräche und Gedanken zum Stoff. Katharina Goetze, Thomas Aiginger, Markus Grundtner für ihre Freundschaft und die Anmerkungen zum Text. Michael Endlicher für seine hilfreichen Anregungen.

Besonders hervorgehoben seien außerdem Gabi Hasler und Jo, die mir ihre Fachexpertise zur Verfügung stellten;

Béa Hay, Thomas K., Andrea K., Veronika und Samy, die mir ihre Zeit für Interviews schenkten.

Ich danke Stefan Müller, meinem literarischen Wegbegleiter; Annemarie Andre, Julia Bauer, Alba Caprioli-Sickl, Hannes Henikl, Anita Just, Julia Knaß, Tom und Wolfi Laaber, Paul Lichtenegger, Leonie Rosner, Julia Valenta, Stefan Varga, Peter Windhofer und SIGNS:FICTION für ihre Freundschaft und den Glauben an mich.

Ich danke der Stadt Wien und dem Bundeskanzleramt für die finanzielle Unterstützung – dieses Buch wurde durch ein Projektstipendium der Stadt Wien und ein Startstipendium für Literatur gefördert.

**Anmerkungen - Quellen**

S. 43 Friedrich Hölderlin, »Andenken«, in: ders., *Sämtliche Werke und Briefe*. Bd. 1: *Gedichte*, Berlin 1995, S. 491.
S. 192 Rainer Maria Rilke, »Die achte Elegie«, in: ders., *Sämtliche Werke*. Bd. 1, Wiesbaden, Frankfurt a. M. 1955–1966, S. 714–717.
S. 203 Ingeborg Bachmann, »Was wahr ist«, in: dies., *Anrufung des Großen Bären*, München 1961, S. 48.

Gesa Jessen

# Ein lautes Lied

R01 | 176 Seiten | ISBN 978-3-7518-7001-6

Ein lautes Lied, so Heinrich Heine in »Die Heimkehr I«, singen Kinder, die sich im Dunkeln fürchten, um ihre Angst zu bannen. Und zu einem lauten Lied stimmt auch die Erzählerin dieses autofiktionalen Reisebuchs an, während sie zwischen Oxford, der dänischen Insel Rømø und Berlin unterwegs ist. Sie singt es in Cafés, Ferienhäusern, in Küchen von Freundinnen. Singt über das, was ihr Angst macht, und über das, was die Angst bannen soll. Und so gelingt es Gesa Jessen, das Ende einer großen Liebe, die Heimkehr in die Literatur, das Nie-ganz-zu-Hause-Sein in der Sprache, das Schreiben als Ruf über die Weite zwischen Menschen hinweg sowie die Kunst als Reservoir der Erinnerungen zur Hymne zu erheben.

Corinna Sigmund

# Lucia

R02 | 294 Seiten | ISBN 978-3-7518-7000-9

Unschlüssig, wie es bei ihr nach einer schmerzvollen Trennung weitergehen soll, begibt sich die Rechercheassistentin Anka auf die Suche nach den Spuren von Lucia Joyce: Schriftstellertochter, Geliebte, Tänzerin, vermeintlich »Geisteskranke«, die – zerrissen zwischen Aufbruchsgefühlen und verinnerlichten Konventionen – mehr als dreißig Jahre in einer psychiatrischen Anstalt verbrachte. Dabei sichtet sie Fotografien, Briefe, Tagebücher, schreitet die historisch-biografischen Bruchstellen ab und versucht, das »Wilde« offenzulegen, das James Joyce seiner Tochter beimaß. Ein Wildes, dessen Ursprung Anka in Lucias Profession zu finden vermutet – dem Tanz, dem sie sich selbst zögerlich zunächst, dann freigebiger hingibt. Aber ist er tatsächlich dessen Quell oder, wie Corinna Sigmund in diesem virtuosen Künstlerinnenroman zeigt, nicht vielmehr Ventil? Ventil eines Lebens, von dem zu erzählen es vieler Persönlichkeiten bedarf.

Tim Holland

**wir zaudern, wir brennen**

R03 | 112 Seiten | ISBN 978-3-7518-7002-3

Die Sonne tuts nach wie vor, das Wasser steigt unaufhaltsam, in New York baut man Wolkenkratzer als Staudämme und in Berlin wird das erschöpfte Bundeskanzleramt von einem Kollektiv übernommen, das sich der Teilhabe aller verschrieben hat. Es sind die derzeit zu beobachtenden klimatologischen, technologischen und gesellschaftlichen Entwicklungen, denen sich *wir zaudern, wir brennen* mit poetischem Eifer stellt und dabei Antworten zu finden sucht auf Fragen wie: Wie kommen wir zu einem neuen »wir«? Wie oft muss man Revolution geübt haben, bevor man sie ausführt? Und wie können Menschen, Tiere und Pflanzen gleichberechtigt zusammenleben? In einem Langgedicht, Trotzgesang, einer Hymne der Wellen, in poetischen Manifesten, Berichten von Heimlichtuereien und einigen Notizen zu neuen Wesen erkundet Tim Holland eine Zukunft, die möglich, wenn nicht sogar notwendig ist.

Rohstoff × Literatur

Jakob Kraner

# Kosmologie

R04 | 192 Seiten | ISBN 978-3-7518-7003-0

Trunkenheit, Trauma, Liebe und Tod: Alles Wesentliche der Welt leitet sich aus den Grundbegriffen Fläche und Rohr her, wie Jakob Kraner in seiner kühn-formalen Evolutionsgeschichte geometrischer Formen *Kosmologie* sukzessive nachweist. Da folgt der Schrei dem Atem und die Überzeugungen mit unbeirrbarer Notwendigkeit der Idee. Und während sich die Systematik in 34 Kapiteln mit 55 begleitenden Illustrationen immer weiter entfaltet, stolpert am Seitenrand ein Mensch durch die Stadt, schlägt sich mit der Wirklichkeit herum und sucht Spalten in der Welt und Halt. Ein Text voller Fährten und Verweise, ein experimenteller Roman über das Ringen um Wahrhaftigkeit und um den nackten Ausdruck, über »diese so unglaubliche Frechheit, Sterben zu müssen«. *Kosmologie* legt die Strukturen der Wirklichkeit offen und erweist sich so als eine »lacanianische Fabel mit angenehm trockenem Humor« (Ann Cotten), ja, als ein wahnwitziger Fluchtversuch aus den Begrenzungen des Individuums.

Heike Geißler

# Liegen

R05 | 144 Seiten | ISBN 978-3-7518-7004-7

Eine Frau liegt. Sie liegt sich durch die Tage und durch die Stadt; liegt, während sie arbeitet, zu Lesungen fährt, Freunde trifft, die Kinder zur Schule bringt, zum Arzt geht. Sie liegt in Gedanken, Büchern und Erinnerungen, liegt vor Bildern, liegt auf thailändischen Bodenmatten und Imbissbänken, in Zugsitzen und Warteräumen; liegt manchmal den Fleißigen im Weg und meistens sich selbst: Warum liegt sie? Ist das noch Widerstand, schon Resignation oder doch eher eine Krankheit? Mit Faulheit darf man das Liegen jedenfalls nicht verwechseln. Angesichts einer Welt, die so eingerichtet ist, dass sie ihre eigenen Möglichkeitsbedingungen lange erschöpft hat und doch unablässig weiter um sich in ihren Untergang kreist, zeichnet Geißlers *Liegen. Eine Übung* präzise das so abgründige wie manchmal schreiend komische Bild eines Verhaltens, das sich den Festlegungen entzieht.

Rohstoff × Literatur

Kinga Tóth

# Mondgesichter

R06 | 112 Seiten | ISBN 978-3-7518-7005-4

*Mondgesichter* ist kein chronologischer Krankheitsbericht – statt im Angesicht von Befund und Diagnose, Symptomen und Genesung findet sich der menschliche Körper wieder inmitten eines Karussells, einer Irrfahrt, eines Schwindelerlebnisses. Immer tiefer dreht sich das Ringelspiel in die verworrenen Welten des Leiblichen hinein, entfernen sich die Stimmen voneinander, rasen auf fantastische Realitätsausbrüche zu, schaukeln dann still und hoffnungsvoll zurück. Ein »Ich« findet Halt in der Askese, eines sucht nach Alltag und Begegnung, während eines in zerbrechlichem Körper seine Jugend ausleben will. An den Grenzen von Lyrik und Prosa, Traum und Wirklichkeit, Hören und Sprechen setzt Kinga Tóth dem unberechenbaren Körper wie auch den am Leib schaffenden Therapeuten ihr Wort, ergänzt um Grafiken und Röntgenaufnahmen, entgegen. So entsteht eine Reihe von vergrößerten, durchscheinenden, schmerzlich-spielerischen Nahaufnahmen, in denen die Krankheit keine Metapher, sondern fühlbare Wirklichkeit ist.

Rohstoff × Literatur

Anton Artibilov

**Schöne Geister**

R07 | ca. 176 Seiten | ISBN 978-3-7518-7006-1

Ein Nachtwächter, der über die Bedeutung des Dao nachdenkt. Eine junge Frau, die ihren Vater verachtet, weil er nicht gedient hat. Zwei Teenager in einem rosafarbenen Pool hinter dem Haus einer wütenden Oma. Der Feind, der einem im Zug gegenübersitzt. Ein Tinderdate, das sich nach Jahren wieder über den Weg läuft. Eine Urbanistikstudentin auf der abenteuerlichen Suche nach ihrer Großmutter. Ein Empath auf der Fahrt zur Counterculture Hall of Fame. Frühstücksgespräche in der WG von Hegel, Schelling und Hölderlin. Picasso und ein Wehrmachtsoldat, Nikola Tesla, Tony Hawk, Benjamin von Stuckrad-Barre und unzählige andere schöne Geister tummeln sich in Anton Artibilovs wahnwitzigem Wimmelbild der Gegenwart. Atemlos werden da Diamanten geschmuggelt, Romane mit Videospielen nachgestellt, Yuri Gagarin fällt wie ein Sack nasser Kartoschki aus dem zweiten Stock, und immer wieder fährt die Wirklichkeit mit voller Wucht gegen die erzählerischen Mauern – rasend, unvorhersehbar und ungemein komisch.

Rohstoff × Literatur

Julia D. Krammer, geboren 1985 in Wien, wo sie als freie Schriftstellerin und Voice Artist/Sprecherin lebt. Bevor sie ihre Unternehmen wort.klang und meer & wind communic:art:ists OG gründete, arbeitete sie als Juristin in einer humanitären Organisation. *Den Körper schreiben die Gedichte* wurde mit einem Startstipendium für Literatur des Bundeskanzleramtes ausgezeichnet. Sie ist Mitglied der Grazer Autorinnen Autorenversammlung (GAV) und des Österreichischen Schriftstellerverbandes.

Erste Auflage Berlin 2023


Großbeerenstraße 57A | 10965 Berlin
*info@rohstoff-literatur.de*



Umschlag: Marion Wörle, Berlin
Satz: Tom Mrazauskas, Berlin
Druck: Art Druk, Szczecin

ISBN 978-3-7518-7007-8

*www.matthes-seitz-berlin.de*
*www.rohstoff-literatur.de*

Rohstoff Verlag ist ein Verlagsprojekt
von Matthes & Seitz Berlin.